# LIGDAMON ET LIDIAS,

## OV LA RESSEMBLANCE.

Tragi-Comedie.

## PAR MONSIEVR DE SCVDERY.

A PARIS,
Chez FRANÇOIS TARGA, au premier
pilier de la grand' Salle du Palais,
deuant les Consultations.

M. DC. XXXI.
*Auec Priuilege du Roy*

# A MONSEIGNEVR LE DVC DE MONTMORENCY.

**MONSEIGNEVR,**

Ie vous supplie de donner à la lecture de ce Liure vne de vos heures de Chantilly: les vers qui sont faits dans la solitude y semblent beaucoup meilleurs, que parmy le tracas de la Court, où le bruit & l'ignorance empeschent d'en pouuoir gouster les douceurs. Vous estes trop

ã iij

# EPISTRE.

obligeant, pour refuser l'honneur de vostre conuersation à neuf belles Filles qui la demandent, & qui ne vous offrent leur entretien que pour admirer le vostre. Au reste, MONSEIGNEVR, i'ose vous asseurer que vostre Parc n'a point de Cabinet si sombre, où vous ne puissiez remarquer de la clarté dans mes pensées: Et si vostre corps s'engage dans les Promenoirs, au moins sçay-ie bien que dans mes Escrits vostre esprit treuuera de quoy s'arrester. Confessez, MONSEIGNEVR, que mon stile est fort esloigné de l'ordinaire, puis qu'au lieu de vous loüer ie me loüe; mais vous treuuerez que ce n'est pas sans raison, si vous daignez considerer, qu'il seroit superflu d'estimer vn homme qui l'est desia de toute la Terre. Vostre valeur a mis sa gloire en vn si haut poinct, que ie tiens qu'il y a presque autant de te-

# EPISTRE.

merité à vous loüer qu'à vous combattre: Et puis l'encre est trop noire pour peindre le genereux sang qu'on vous a veu respandre pour la conseruation de cet Estat. Nous ne pouuons bien parler que des choses qui tombent sous nostre connoissance, & vostre courage est au dessus de tout ce qu'on s'en peut imaginer. Ceux qui se sont pleus à masquer la verité sous des fables, nous ont tousiours dit que Minerue estoit sçauante & guerriere, pour apprendre à la posterité, que les grands Capitaines doiuent auoir ces deux qualitez. C'est vn precepte dont vous auez bien fait profit, car tout l'Vniuers est tesmoin, que vous estes le seul en ce siecle barbare, qu'on peut legitimement appeller LE PERE DES SOLDATS, & LE PROTECTEVR DES POETES. Puis que le Ciel m'a fait naistre l'vn & l'autre, en prenant

ã iiij

# EPISTRE.

part aux faueurs que mes semblables ont receuës de vostre courtaisie, ie vous presente auec ce Liure la main dont il est party: Vous treuuerez, qu'elle est capable d'vne autre façon de seruir. Que si toutesfois ma Poësie est assez heureuse pour toucher vostre inclination, ie vous promets que i'apprendray à escrire de la gauche, afin que la droicte s'employant plus noblement, puisse vous faire voir au prix de ma vie, que ie suis,

### MONSEIGNEVR,

Vostre tres-humble, & tres-obeissant seruiteur,
DE SCVDERY.

# SONNET.
## A LVY MESME.

LE marbre & le metal dans leur solidité
Peuuent dõner aux Noms vne longue durée,
Mais en fin par le temps leur grandeur alterée
Fait voir sa decadance à la posterité.

Obelisques, Tombeaux, superbes en beauté,
Colosse, Pyramide, en hauteur admirée,
Qui va portãt le front iusques dans l'Empirée,
Tout cela cede au temps, & n'est que vanité.

Il ne faut que l'esclat que darde le tonnerre,
Pour ranger leur orgueil aussi bas que la terre,
Mais ton Nom & le mien seront bien plus
 [constans:
Iupiter ny le temps ne les peut mettre en poudre,
Car fais que tes lauriers les preseruẽt du foudre,
Mes Escrits immortels les sauuerõt du temps:

# A QVI LIT.

MAINTENANT que ie suis deuenu Liure, & qu'il t'a cousté de l'argent pour sçauoir mon nom, ie me treuue obligé de t'entretenir. Il est vray que ie prends vn mauuais sujet, puisque c'est de moy que ie te parle. Mais vne coustume aussi forte qu'vne loy, entre nous autres Messieurs les Autheurs, me force à faire le sot par compagnie. Ie m'en vay te prier d'excuser des fautes que ie ne croy pas qui soient en mes ouurages, & me donner moy-mesme vne louange, que ie deuois attendre de toy. I'espere que cette extrauagance ne t'estonnera point, parce qu'elle est ordinaire; & qu'aujourd'huy tous nos Escriuains sont des Espagnols François en rodomonta-

## A QVI LIT.

des, ou par leur humilité estudiée, de ces Philosophes qui font rapetasser leurs habits neufs à dessein de paroistre pauures. Escoute donc ie te supplie, si ie sçauray mentir de bonne grace, en te parlant de mes Escrits.

La profession que ie fais estant toute pleine de franchise, m'oblige à porter le cœur sur les levres; & à t'aduertir que dans la Musique des Sciences ie ne chante que par Nature. Ie suis nay fils d'vn pere qui suiuant l'exemple des siens, a passé tout son aage dans les Charges militaires, & qui m'auoit destiné dés le poinct de ma naissance à vne pareille forme de viure: ie l'ay suiuie & par obeïssance & par inclination. Toutesfois ne pensant estre que Soldat, ie me suis encore treuué Poëte; ce sont deux mestiers qui n'ont iamais esté soupçonnez de bailler de l'argent à vsure, & qui voyent souuent ceux qui les pratiquent dans la mesme nudité où se treuuent la Vertu, l'Amour, & les Graces, dont ils sont les

## A QVI LIT.

fauoris. Or ces neuf ieunes Pucelles de trois ou quatre mil ans, qui ne donnent que de l'eau à boire à leurs Nourrissons, les laissant dans la necessité de chercher du pain ; ces Filles, dy-ie, qui n'ont pour biens meubles que des Luts & des Guiterres, m'ont dicté ces Vers que ie t'offre, sinon bien faits, au moins composez auec peu de peine. Si tu les lis sans les mespriser, i'en auray vne extreme obligation à ta courtaisie; si tu les mesprise en les lisant, ie tascheray de me venger de ton humeur desdaigneuse; & si tu ne les lis point du tout, crois que ce sera le moindre de mes soucis, car ie ne bastis pas ma reputation sur celle de mes Vers, i'ay des desseins bien plus releuez; la Poësie me tient lieu de diuertissement agreable, & non pas d'occupation serieuse: Si ie rime ce n'est qu'alors que ie ne sçay que faire, & n'ay pour but en ce trauail que le seul desir de me côtenter: car bien loing d'estre mercenaire, l'Imprimeur & les Comediens tesmoigneront que ie ne leur ay pas vendu ce qu'ils ne me pouuoient payer. Tu couleras

## A QVI LIT.

aisément par dessus les fautes que ie n'ay point remarquées, si tu daignes apprendre qu'on m'a veu employer la plus longue partie du peu d'aage que i'ay à voir la plus belle & la plus grande de l'Europe; & que i'ay passé plus d'années parmy les Armes, que d'heures dans mon Cabinet, & beaucoup plus vsé de meche en harquebuse qu'en chandelle; de sorte que ie sçay mieux ranger les Soldats que les paroles, & mieux quarrer les Bataillons que les periodes. Mais pour satisfaire ceux qui peut estre treuueront mauuais que le Roman de ma piece n'ait pas exactement suiuy l'Astrée, voicy comme ie paré leur estocade; ils sçauront que tous les Poëmes Tragiques, Tragicomiques, Comiques, & Pastorales, qui sont accommodez à l'vsage du Theatre, tirent leur Argument de l'Histoire ou de la Fable; ceux qui sont historiques obligent celuy qui les reduit dans l'ordre de la Scene, à suiure les mesmes euenemens qui sont descrits dans leur Autheur, permettant neantmoins d'y changer beaucoup pour embellir d'autant plus l'action, ainsi l'ont pratiqué tous les Tragiques: Mais lors qu'on traicte vn sujet fabuleux tiré des Poëtes ou des Romans, de la nature desquels se treuue le mien, l'on a la liberté d'autant plus grande, que l'Autheur de l'auanture ne s'est pas luy mesme assubietty à la verité; si bien qu'en ce cas on est dans le pouuoir de suiure si l'on veut son dessein purement, d'y changer ou diminuer si bon vous semble, & d'y adiouster s'il vous agrée; de sorte qu'on n'est pas tenu de traitter religieusement les fables, puis qu'on peut sans faillir se licencier d'innouer aux histoires. Il vient de me souuenir que certains demy-sçauans ont remarqué que les personnages de ma Tragi-comedie y parlent des Dieux en plurier, chose mal à propos (disent-ils) parce que les vieux Gaulois n'en adoroient qu'vn seul sous les noms de Tautates, Tharamis, Belenus, Hesus; mais i'apprends à ces Docteurs d'Astrée, que par tout où les Romains estendoient leurs conquestes, ils ne man-

## A QVI LIT.

quoient iamais d'y establir le culte de leur religion: & de faict feu Monsieur d'Vrfé plus iudicieux que ces asnes masquez sous l'habit d'vn homme, n'a point failly de bastir dans Marsilly, vn Temple de Iupiter Capotas, & vn autre de Minerue Peone. Ie te prie donc, Lecteur, de croire qu'il n'y a pas vne seule parole dans mes ouurages, que ie ne defende auec des raisons assez fortes, pour faire voir que ceux qui me blasmeront n'en ont point. Ie ne suis pas si peu versé dans les regles des anciens Poëtes Grecs & Latins, & dans celles des modernes Espagnols & Italiens, que ie ne sçache bien qu'elles obligent celuy qui compose vn Poëme Epique à le reduire au terme d'vn an, & le Dramatique en vn iour naturel de vintg-quatre heures, & dans l'vnité d'action & de lieu; mais i'ay voulu me dispenser de ces bornes trop estroites, faisant changer aussi souuent de face à mon Theatre que les Acteurs y changent de lieux; chose qui selon mon sentiment a plus d'esclat que la vieille Comedic. Que s'il y a encor de certains esplucheurs de syllabes, qui ne mettent la perfection d'vne Piece, qu'en la seule œconomie des mots; qui s'amusent à ergoter sur mes vers, ie leur apprends que cette molle delicatesse ne se treuue iamais dans les Tableaux hardis, qui bien qu'admirables, ne se doiuent pas regarder de si prés. Mais malgré toutes mes raisons ie preuoy qu'indubitablement ie seray choqué des Pedans, & de quelques Caualiers; des vns à cause que i'ay esté long temps à Rome, sans tarder guere au païs Latin; des autres absolument, parce que i'escris, s'imaginans que c'est vn entretien indigne d'vn Gentilhomme: aux piliers de Classe ie leur repars, que l'estude n'est point enclauée dans vne langue particuliere, & que toutes les Sciences estans fondées dessus le sens naturel, ie les treuue dans le mien, comme les premiers doctes les ont iadis rencontrées dans le leur, & les estale en langage de mon païs, ainsi qu'ils les ont traittées en celuy de leur patrie. Aux valets de chiens, ie leur diray, que

## A QVI LIT.

que parmy tant de tors & de cornes qu'ils ont, ce n'est pas merueille de leur voir donner vn iugement cornu. Et quand mesme ce seroit manquer que de se seruir ensemble d'vne espée & d'vne plume, ie tiens cette faute glorieuse, qui m'est commune auec Cesar: & i'ose croire que cet Ouurage aura assez de merite & de bonne fortune, pour durer plus que la fausseté de leur opinion, & pour receuoir de la vertu d'vn autre siecle, l'estime que l'ignorance du sien luy aura refusée.

Iusqu'icy, mon Lecteur, i'ay ioué le personnage d'vn Poëte, ie commence en finissant celuy d'vn homme plus raisonnable; pour t'asseurer que tant s'en faut que ie participe à cette amour desreglée qu'ils tesmoignent pour les productions (ie ne dis pas de leur esprit, car ils n'en ont point,) mais de leurs fantaisies; qu'au contraire ie te proteste que si ie connois quelque desgoust au public, que la premiere partie de mes Oeuures sera la derniere de mes folies,

é

# A MONSIEVR DE SCVDERY.

## ELEGIE.

IE crains (DE SCVDERY) que ta Muse s'irrite
De me treuuer si lent à loüer ton merite,
Mais crois que ma paresse est vn de ses effets,
Ie parle rarement des hommes si parfaits
Auec quelques appas que leur gloire m'attire;
Ie ne dy rien du tout quand ie voy tant à dire,
I'ay de l'ambition: quand ie traite vn sujet
Ie tasche que mes vers surpassent leur objet,
M'éforçãt de prouuer que quelque dame est belle,
C'est pour faire estimer ma Muse plustost qu'elle;
Ie ne mets en vn corps quelque charme nouueau,
Qu'afin que mon esprit en paroisse plus beau;

# ELEGIE.

Quelque si rauissant que ie peigne vn visage
I'ay dessein que mes vers rauissent dauantage;
La gloire me transporte, elle est mon seul aymant,
Ie debite mes vers à ce prix seulement:
Mais quãd ie voy ma tâche au dessus de ma force,
Vne priere alors m'est vne foible amorce,
Et croy que mon deuoir doit puissamment agir,
Pour me faire loüer ce qui me fait rougir.
Quand i'entends de tes vers, quãd i'y voy tant de grace,
Mon esprit est confus, & ma veine se glace,
Ma Muse est en desordre, et prisant leur douceur
Se plaint de n'estre pas si belle que sa Sœur;
Ie ne parleray point d'Amphion, ny d'Orphée,
Que ton premier ouurage a leur gloire estouffée,
Ie ne dy point de toy ce que l'on a dit d'eux,
Car ie ne donne point d'Eloges fabuleux,
Ceux qui te flatteront de chymeres si vaines,
Ne les estime point, n'approuue point leurs peines
Crains d'en estre loüé, car ces gens insensez
Font (pour en dire trop) qu'on n'en croit pas assez;
Pour toy ie n'ay que trop d'Eloges veritables,
Sans parler de Phœbus, sans recourir aux fables

# ELEGIE.

Dire que LIGDAMON, paroiſt trop tard au iour,
Qu'il a charmé Paris, qu'il a rauy la Cour,
Que tu nous as depeint AMERINE ſi belle,
Que tous les beaux eſprits ne parlẽt plus que d'el-[le,
Que c'eſt de toy qu'elle a tant de charmes diuers,
Qu'elle tient ſa beauté de celle de tes vers;
Quoy qu'on te doiue encor de plus dignes loüäges,
C'eſt aſſez s'eſleuer ſans abaiſſer les Anges,
Sans parler des neuf Seurs, ny du ſacré Vallon,
Sans preferer ta gloire à celle d'Apollon;
Prouuer comment ta main ſçait vſer d'vne eſpée,
En combien de dangers elle s'eſt occupée,
Deſſus combien de fronts elle a mis de l'effroy,
En combien de haſards elle a ſeruy le Roy;
C'eſt où ie ſuis muet, ie pâlis, ie friſſonne,
Ie redoute la guerre, & ce ſeul mot m'eſtonne,
I'aime bien que le fer ſerue dans les guerets,
Et ne perce autre ſein que celuy de Ceres,
Mais ſi i'étends les coups dõt vn Guerrier ſe vante,
A l'ouyr ſeulement mon eſprit s'eſpouuante,
I'ay du Myrthe pour toy, ie n'ay point de Laurier,
Ie t'eſtime en Poëte, & non pas en Guerrier.

## ELEGIE.

I'ay douté iufqu'icy que dans toute la terre,
Vn mefme hôme puſt faire et des vers et la guer-[re,
Qu'il puſt mettre en vfage et la plume et l'acier,
Rougir vn champ de gloire, & noircir du papier,
Ce difcours feulement intimide ma Mufe;
Ie cherche encor des vers, mais elle m'en refufe,
DE SCVDERY, permets à cet efprit confus
D'admirer ton merite, & de ne parler plus.

DE ROTROV.

---

## A MONSIEVR DE SCVDERY.

Rare DE SCVDERY que tout le monde ad-[mire,
Puis qu'apres tous ces grands efprits
Qui loüent tes diuins efcrits
Ie ne treuue plus rien à dire,
Tout ce qui peut fortir de moy.
Pour reconnoiſtre auſſi ton excellent ouurage,
C'eſt que i'en croy bien dauantage,
Que tout ce qu'ils ont dit de toy.

SCARRON.<br>é iij

## A MONSIEVR DE SCVDERY.

C'Est peu de te loüer en t'oyant discourir;
Ie mettray tes Escrits au nōbre des merueil-
Car d'vn art inconnu sans me faire mourir, [les,
Tu m'as deux fois rauy l'ame par les oreilles.

A. HARDY.

---

## A MONSIEVR DE SCVDERY.

ENcor que Ligdamon en depeignant Siluie
Luy donne assez d'appas pour charmer l'V-
niuers,
Sa beauté toutesfois dont la France est rauie
Ne me toucheroit point sans celle de tes vers.

CORNEILLE.

# A MONSIEVR DE SCVDERY,
## sur son Ligdamon.

Contre les plus fiers animaux,
LIGDAMON defendant sa vie,
La seule pitié de ses maux
Adoucit l'humeur de Siluie.
Il ne peut qu'en souffrant vaincre sa cruauté,
Mais certes il eust eu d'assez puissantes armes,
Si lors pour surmonter cette rogue Beauté
Il auois employé tes discours & tes charmes.

DE LA CRETTE BELLENGER.

# A MONSIEVR DE SCVDERY.

## Epigrame

Lors qu'vne funeste auanture
Apres mille & mille tourmens
Approche de la sepulture
Tant d'incomparables amans,
Pourquoy pour leur donner de l'ayde
Vas tu rechercher vn remede
Douteux en ses effets diuers?
Amy, pour les faire reuiure
Autant que le marbre & le cuiure
Il ne faut rien que tes beaux vers.

## AVTRE PAR LE MESME.
### Au mesme.

Bien que des traits inimitables
Rendent tes deux amans semblables,
Amy des Muses si chery,
Toutesfois personne n'ignore
Qu'ils se ressemblent moins encore.
Qu'Apollon & DE SCVDERY.

DV RYER.

# A MONSIEVR DE SCVDERY,
## SONNET.
### Par le Sieur GVERENTE.

CEs vers, DE SCVDERY, porteront tesmoignage
Combien sur mon esprit ta Muse a de pouuoir;
Bien qu'ils ne puissent pas honorer ton ouurage
Fais moy cette faueur qu'on les y puisse voir.

Cōme ils ont sur le front mon nō qui rend hōmage
Aux rares qualitez de ton diuin sçauoir,
Ainsi ie me puis dire auoir cet auantage,
Que tu n'as point d'amy si puissant en vouloir.

Le Ciel en ce dessein me promet le salaire
D'vn renom qui viura malgré le sort contraire,
Tant que le monde soit par le feu consommé:

Car on doit si long temps faire estat de ton Liure,
Que ie suis asseuré d'eternellement viure,
Si mon nom a l'honneur de s'y voir imprimé.

## SVR LA TRAGI-COMEDIE DE Mʳ DE SCVDERY,

Dont le Sujet est pris de l'Astrée de Mʳ d'Vrfe'.

### A LIGDAMON.

Qv'on estime ton nom dans le siecle où nous sommes!
Que deux rares esprits t'ont rendu glorieux!
L'vn t'apprit à parler à la façon des hommes,
Et l'autre t'a monstré le langage des Dieux.

BELLEVILLE.

# AL MOLTO NOBILE,
## & Illustre Signore il Signore di SCVDERY.

### Madrigallo.

Che colui che formò l'alma Natura
Tragga l'Amico suo di Sepoltura,
Non è gran merauiglia:
Ma è cosa inudita ( & incredibil forse )
Ch'opra tale,
Venga fata d'aman d'huomo mortale:
Ma che dico mortal? SCVDIER, perdona,
Così il tuo nuom' non suona;
Tu sei l'Angel beato
D'al Cielo destinato
Nuntio, e precursor d'el gran Giudicio;
Poi ch'al primo rimbombo di tua tromba,
Hai fato vscir duoi morti d'alla tomba.

IL CAVALIER GRAMBOSCO.

# AL MVY NOBLE,
## Y GENEROSO SIGNOR,
### el Signor DE SCVDERY, Coplas Castellanas.

Gran SCVDIER sobre Pegaso
Buscas la imortalidad,
Tu fama en la prima Edad
Va d'Oriente à l'Occaso.

Y Amerina y Ligdamon,
Pues que per tu Scena son
D'el luzillo reuiuados,
Viuiran sobre los hados.

DOM IVAN FLORIMOND.

# A MONSIEVR
## DE SCVDERY,
### Sur son LIGDAMON.

EN peignāt Ligdamon d'vne valeur extreme,
Tu le fais discourir auecque tant d'appas,
Que les moins clairuoyans en fin n'ignorent pas
Que tu nous as donné le portrait de toy-mesme.

## DV MESME.

Ligdamon à l'Autheur seroit bien comparable
S'ils n'estoient differēts seulemēt en ce pointz
Que iadis Ligdamon rencontra son semblable,
Et qu'en ce tēps icy l'Autheur n'en treuue point.

DE CHANDEVILLE
Sarcilly.

## Priuilege du Roy.

LOVYS par la grace de Dieu Roy de France & de Nauarre, A nos amez & feaux Conseillers, les Gens tenans nos Cours de Parlement, Baillifs, Seneschaux, Preuosts, leurs Lieutenans, & tous autres nos Iusticiers & Officiers qu'il appartiendra, Salut. Nostre cher & bien aimé FRANÇOIS TARGA Marchand Libraire de nostre bonne ville de Paris nous a faict remonstrer, qu'il a depuis peu recouuré vn Liure intitulé, LIGDAMON ET LIDIAS, *ou la Ressemblance, Tragi-Comedie, faict par Monsieur* DE SCVDERY. Lequel Liure il desireroit mettre en lumiere, mais il craint qu'apres qu'il l'auroit faict imprimer quelques autres Imprimeurs & Libraires ne se voulussent ingerer de l'imprimer & vendre, & par ce moyen le frustrer du fruict de son labeur, Nous requerant tres-humblement luy vouloir sur ce pouruoir de nos Lettres necessaires. A CES CAVSES nous auons audit exposant permis & permettons par ces presentes de faire imprimer, vendre & distribuer ledit Liure intitulé *Ligdamon & Lidias, ou la Ressemblance*, pendant le temps & espace de dix ans consecutifs, à compter du iour qu'il sera paracheué d'imprimer. Pendant lequel temps nous auons faict tres-expresses inhibitions & defences à tous Libraires & Imprimeurs de nostre Royaume, & à toutes autres personnes de quelque qualité & condition qu'ils soient, d'imprimer ou faire imprimer, vendre & distribuer ledit Liure, sans le congé de l'exposant, sur peine aux contreuenans de cinq cens liures d'amende & de confiscation des exemplaires qui se trouueront imprimez & mis en vente au preiudice des presentes. Voulons en outre qu'en mettant au commencement ou à la fin dudit Liure autant desdites presentes, ou extraict d'icelles, qu'elles soient tenuës pour signifiées & venuës à la cognoissance de tous. A la charge neantmoins de mettre deux exemplaires dudit Liure en nostre Bibliotheque gardée aux Cordeliers de nostre bonne ville de Paris auant que l'exposer en vente, à peine d'estre decheu du present Priuilege. SI VOVS mandons que dudit present Priuilege vous faciez iouyr & vser ledit exposant plainement & paisiblement, nonobstant oppositions ou appellations quelconques, & sans preiudice d'icelles: Et au premier nostre Huissier ou Sergent sur ce requis faire pour l'execution desdites presentes tous exploicts requis & necessaires, sans demander placet, visa, ne parcatis.. CAR tel est nostre plaisir. DONNE' à Sainct Germain en Laye le dixseptiesme iour de Iuillet, l'an de grace mil six cens trente-vn, & de nostre Regne le vingt-deuxiesme.

*Par le Roy en son Conseil,*

FARDOIL.

---

*Acheué d'imprimer pour la premiere fois le 18. Septembre 1631.*

## ARGUMENT.

Ligdamon Gentilhomme ordinaire d'Amalis, Souueraine des Nymphes de Forests, estant fort amoureux de Siluie, Nymphe de la mesme Court, apres beaucoup de refus, la prie pour la derniere fois, d'auoir pitié du mal qu'il souffre, & l'ayant treuuée autant insensible que de coustume, desesperé de la pouuoir fleschir, il se porte en vn tel excés de douleur, qu'il se veut tuer de sa propre main, mais Alcidor Cauallier de ses amis, s'y rencontra par hasard, empesche ce mauuais dessein, & luy donne conseil d'aller plustost dans vne armée perdre la vie auecques plus d'honneur, luy promettant durant son absence d'employer toutes

# ARGVMENT

sortes de soins pour changer le cœur de Siluie, Ligdamon suit cet aduis, part de Forests suiuy d'Ægide son Escuyer, auec dessein d'aller treuuer Clidamant son maistre qui pour lors suiuoit Merouée Roy des Francs, en la guerre qu'il faisoit aux Neustriens. Durant ce téps là, Lidias Gentilhomme de Rothomage, qui ressembloit parfaitement à Ligdamon, aimoit & estoit aimé d'Amerine ieune Dame de la mesme ville, ce qui mit Arothe son riual aux termes de se porter en vn duel, où il perdit la vie, par la valeur de Lidias, qui pour euiter la rigueur des loix est contraint de s'enfuir, & de mediter sa retraitte dans le païs de Forests. Il arriua en mesme téps ou peu apres que Ligdamon approchant de l'armée des Francs, fait rencontre de Nicandre frere d'Aronthe, qui le prenant pour Lidias, quelques raisons qu'il luy peust dire au contraire, l'obligea à mettre l'espée à la main, mais le Ciel protecteur des innocens, fit pancher la vi-

## ARGVMENT.

étoire du costé de Ligdamon, qui tout plein de courtaisie, le fit conduire blessé dans le plus prochain village, pour y faire penser sa playe. Et de là se rendit auprés de Clidamant qui luy fit faire la reuerence à Mérouée. Cependant Lidias arriue en Forests, & esgaré de son chemin dans la forest d'Isoure y fait rencontre de Silute, qui le prenant pour Ligdamon, qu'elle aime passionnément dépuis son absence, le traitte d'vne façon qui met Lidias dans vn estonnement aussi grand que les carresses qu'il reçoit. Il tasche à la desabuser, mais en vain, & son erreur la porte aprés quelques iours de dispute, d'offrir à Lidias sous le nom de Ligdamon, de le suiure à Rothomage, & de le laisser en repos s'il luy fait voir la verité de ce qu'il dit, comme aussi en cas de mensonge, elle entend d'en estre espousée. Il accepte ce party, quelque danger qu'il y aye pour luy à retourner dans sa patrie, & dés le lendemain ils se mettent en chemin

## ARGVMENT.

pour ce voyage. Merouée donne bataille aux Neustriens par le conseil de Clidamant, & en emporte la victoire; mais Ligdamon auec Ægide est prins par les ennemis, qui trompez par la ressemblance de luy & de Lidias, le meinent chargé de fers dans Rothomage. Merouée à la priere de Clidamant y enuoye vn Heraut offrir cent prisonniers en eschange, mais les Iuges abusez par son visage, refusent cette offre auantageuse, & tant pour le meurtre d'Aronthe, que pour auoir esté pris parmy leurs ennemis, ils le condamnent à mourir dans le parc des Lyons, luy permettant d'y entrer auecques l'espée; ce qu'il fit si heureusement qu'il en tua deux, & comme on alloit lascher le troisiesme, Amerine suiuie de la Mere de Lidias, se vient ietter aux pieds des Iuges, demandant ce criminel en mariage, que les loix du païs luy permettent de sauuer en l'espousant, on la luy octroye, & les preparatifs des nopces se

## ARGVMENT.

font. Mais Ligdamon qui ne veut ny changer Siluie, ny tromper Amerine, donne des presens à vn Mire qu'il sçauoit qui auoit la charge de fournir le vin des ceremonies au Temple, afin qu'il y meslast du poison; ce que cet homme luy promet de faire; desorte qu'estans conduits au Temple, & apres auoir beu, Ligdamon sur la creance qu'il a d'auoir auallé du venim, le desclare publiquement, protestant tout de nouueau qu'il est tout autre qu'on ne pense. Cet estrange discours met en fuite toute l'assemblée, & Amerine pleine de rage & de despit, apres beaucoup de reproches, acheue de boire malgré Ligdamon, ce qui estoit resté dans le vase, si bien qu'ils tombent en fin tous deux comme morts. Lidias & Siluie arriuent dans ce temps là, l'vn treuue sa maistresse expirée, & l'autre son seruiteur ; ce qui les met en des furies inimaginables : & comme ils estoient en ces termes, les Iuges conduits du Sacrifica-

## ARGVMENT.

teur, viennent pour informer de cet accident, qui à l'aspect de Ligdamon mort & de Lidias en vie entrent en vne nouuelle frayeur, croyant que le dernier fut vne ombre: là dessus le Mire vient qui declare que ces Amants ne sont pas morts comme on les croit, mais seulement assoupis par la force d'vne poudre d'Opium qu'il a meslée dans le bruuage; & de fait leur arrousant le visage d'vne eau qu'il porte, au grand estonnement de toute la compagnie, on les voit reprendre l'vsage des sens. Là se font les reconnoissances, les Iuges pardonnent l'homicide d'Aronthe à Lidias, & demandent pardon à Ligdamon des outrages qu'il a receus, luy donnant pour les reparer la liberté & celle d'Ægide sans rançon. En fin Ligdamon espouse Siluie, & Lidias Amerine: ce qui fait la conclusion de cet incomparable sujet tiré de l'Astrée de ce diuin esprit que toute l'Europe connoist sans que ie le nomme.

## LES ACTEVRS.

LIGDAMON.
SILVIE.
ALCIDOR.
ÆGIDE.
MEROVEE.
CLIDAMANT.
AMERINE.
LA MERE de Lidias.
LIDIAS.
ARONTHE.
NICANDRE frere d'Aronthe.
IVGE I.
IVGE II.
IVGE III.
PORTIER.
HERAVT.
SACRIFICATEVR.
LE MIRE.

Troupe d'habitans de Paris.
Troupe des Parens de Lidias & d'Amerine.

LIGDAMON

# ACTE PREMIER.

LIGDAMON. SILVIE.
ALCIDOR. LIDIAS.
ARONTHE. AMERINE.

## SCENE PREMIERE.

LIGDAMON. SILVIE. ALCIDOR.

### LIGDAMON.

Si iamais vn mortel a fait experience
De cette aigre vertu qu'on nomme patience,
Si iamais vn captif arresté dans les fers
A supporté les maux qu'on feint dans les enfers,
Si iamais vn amant suiuant l'ingratitude
A conu quel mal c'est que d'estre en seruitude,

A

## LIGDAMON

Et senty puissamment quel bien nous est osté
Alors que nous perdons la douce liberté;
C'est moy chetif, c'est moy qui tente l'impossible
En voulant émouuoir vn rocher insensible:
Ha! ie l'appelle mal; vn rocher se fendroit,
Si c'estoit vne roche elle me respondroit
Lors que ie l'entretiens du tourment que i'endure,
Mais elle est de matiere et pl⁹ sourde et plus dure:
Tout horsmis cet aspic prēd part à mes malheurs,
L'air pour l'amour de moy le matin fōd en pleurs,
L'onde mesme en murmure, et le vent en soupire;
Et l'ingrate Siluie en deuient tousiours pire.
Cœur de bronze ou de fer, ame de diamant,
Qui traitte egalement le haineur & l'amant,
Iniuste, inexorable, inflexible, farouche,
Que ie croirois flatter la nommant vne souche,
Salamandre de glace extreme en ses froideurs,
Qui vit sans se brusler au milieu des ardeurs,
Ou plustost vray Soleil de la machine ronde
Qui n'a point de chaleur échauffant tout le mōde;
Helas! ie ne sçaurois guerir que par la mort:
Mais vn cœur genereux est maistre de son sort,
Essayons si Clothon nous sera plus propice,
Ce rocher nous presente vn affreux precipice;

*Mais, ô Dieux! le moyen de mourir par vn saut,*
*Si mon espoir est cheu d'vn dessein bien plus haut?*
*Allons à chef baissé nous abismer dans l'onde;*
*Mais la mer pour cela n'est point assez profonde,*
*Car à chaque momēt mes yeux font des ruisseaux,*
*Et ie vy cependant au milieu de ces eaux,*
*Ioint que le feu cuisāt qui me force à me plaindre*
*Ressēble au feu Gregeois que l'eau ne peut estein-*
*Comme Porcie encor finit ses accidens,*     [dre:
*Essayons de mourir par des charbons ardens;*
*Nullement, ce trespas n'a garde dē me prendre,*
*Car ie suis tout de flame, & ne peux venir cēdre:*
*D'vn funeste licol implorons le secours,*
*Acheuons dedans l'air le dernier de nos iours;*
*Mais non, ie ne sçaurois me perdre en cette sorte,*
*Car Cupidon m'estreint d'vne corde plus forte,*
*Des liens plus serrez me sçauent retenir,*
*Cependant en ce mal ie ne puis pas finir:*
*Ne pourray ie donc point ainsi que Cleopatre*
*M'appliquer vn aspic capable de m'abattre?*
*Non, car i'ay sans mourir dās le cœur des serpens*
*Que ma ialouse humeur nourrit à mes despens;*
*Il faut pour mettre fin à ma peine infinie*
*Que le venin mortel sa faueur ne me nie:*

## LIGDAMON

Mais comment? si ie vy, l'esprit plein d'vn poison
Qui m'entrant par les yeux en chasse la raison,
Afin que de mes iours la trame soit coupée,
I'en porte les cizeaux au bout de mon espée:
Mais fol, ne sçay-ie pas qu'Amour qui m'a blessé
M'a cent fois sans mourir le pauure cœur percé?
Si bien que dans ce mal mon auenture est telle,
Que pour mourir toujours ma mort est immortel-
Toy seul si tu le veux tu me peux assister, [le.
Petit Dieu que ie croy plus grand que Iupiter,
Puissant maistre des sens, doux Roy de ma pẽsée,
Qui sçais comme Siluie a ta gloire offencée;
Toy redoutable archer qui tousiours le vainqueur
Ne lasches aucun trait qui n'aille droit au cœur,
Si la pitié iamais eut place en ton courage,
Fais moy treuuer le calme apres ce long orage,
Pour charmer la douleur dont ie suis consumé,
Que ie sois moins sensible, ou rends moy plus aimé;
Si tu souffres encor cet orgueil à Siluie,
Tu perdras ton honneur aussi bien que ma vie,
Car l'Vniuers sçaura que i'ay perdu le iour
Parce que cette Nymphe a mesprisé l'amour:
Or si le sentiment de ton regne te touche,
Pour nous vẽger tous deux adoucis ma farouche:

## ET LIDIAS.

Quoy! t'imagines-tu la neige de son sein
Capable d'amortir l'ardeur de ton dessein?
Crois-tu que sa blācheur soit semblable à l'iuoire,
Et que sa dureté puisse empescher ta gloire?
Non, courbe & bande l'arc, incōparable archer,
Tes dards peuuent ouurir vn cœur fait de rocher,
Il n'est rien icy bas qui ne te soit possible,
Seule en cet Vniuers seroit-elle insensible?
Dieux, hōmes, animaux, arbres, pierres, font voir
Dans leur obeïssance où s'estend ton pouuoir.
O Ciel! fort à propos ie rencontre ma Dame,
Mais pourray-ie parler puisque ie n'ay point d'a-
Oüy, l'objet qui la prit la prête en ce moment [me?
Pour chanter sa loüange & dire mon tourment.
Malgré la gaye humeur qui vous rend si cherie
A ce coup ie vous prend dedans la resuerie.

### SILVIE.

Le seul émail des fleurs me seruoit d'entretien,
Et resuois comme ceux qui ne pensent à rien.

### LLGDAMON.

Vostre teint que i'adore a de plus belles roses,
Et vostre esprit n'agit qu'à de plus grādes choses.

### SILVIE.

Il est vray, i'admirois la hauteur de ces bois.

LIGDAMON.
Admirez mon amour plus grande nulle fois.
SILVIE.
Que l'aspect est plaisant de cette forest sombre.
LIGDAMON.
C'est où vostre froideur se conserue dans l'ombre.
SILVIE.
Ie n'ay iamais rien veu de si beau que les Cieux.
LIGDAMON.
Et quoy vostre miroir ne peint il pas vos yeux?
SILVIE.
Que le bruit des ruisseaux a d'agreables charmes.
LIGDAMON.
Pouuez vous voir de l'eau sans penser à mes lar-
SILVIE. [mes?
Ie cherche dans ces prez la fraicheur des Zephirs.
LIGDAMON.
Vous deuez ce plaisir au vent de mes soupirs.
SILVIE.
Que veut dire qu'Echo dans ce lieu ne raisonne?
LIGDAMON.
Elle y souloit parler, mais ma plainte l'estonne,
Mon importunité l'oblige à se cacher
Dedans l'antre escarté de quelque autre rocher.

#### SILVIE.

Que d'herbes, que de fleurs vont bigarrant ces
### LIGDAMON. [plaines.
Leur nōbre est plus petit que celuy de mes peines.
#### SILVIE.
Les œillets & les lys se rencontrent icy.
### LIGDAMON.
Oüy sur vostre visage, & dans moy le soucy.
#### SILVIE.
Que ces bois d'alentour ont de routes diuerses.
### LIGDAMON.
Autant que mon amour esprouue de trauerses.
#### SILVIE.
Quel plaisir de se voir au cristal de cette eau!
### LIGDAMON.
Vous verriez dans mon cœur bien mieux vostre
#### SILVIE. [tableau
Voyez que de ce roc l'eau commence sa course.
### LIGDAMON.
Ainsi de vos rigueurs mes pleurs prennent leur
#### SILVIE. [source.
Ce petit papillon ne m'abandonne pas.
### LIGDAMON.
Mon cœur de la façon accompagne vos pas,

A iiij

Comme cet animal suiuant vostre paupiere,
Et tous deux nous cherchons la fatale lumiere.
### SILVIE.
Que cet ombrage est frais en ce temps plein d'ar-
### LIGDAMON. [deurs.
C'est vn mont de Sicile auprés de vos froideurs.
### SILVIE.
Que le chant des oyseaux me chatoüille l'oreille,
Que de tons, que d'accords, oyez quelle merueille.
### LIGDAMON.
Helas! belle Siluie, vn Dieu les fait chanter,
Que vous allez fuyant pour ne me contenter.
### SILVIE.
De grace, Ligdamon, faites le moy connaistre.
### LIGDAMON. [stre.
Donc vous mesconnoissez ce que vous faites nai-
### SILVIE.
Chaste, ie n'ay point eu d'enfant iusqu'à ce iour.
### LIGDAMON.
Si auez.

### SILVIE.
Nommez-le.
### LIGDAMON.
Chacun l'appelle Amour.

#### SILVIE.
Tréues de ce discours, qui n'a rien qui me plaise.
#### LIGDAMON.
Ie le veux, ie m'en vay, pourueu que l'on me baise;
En vain vous reculez, on n'en peut eschapper.
#### SILVIE.
Temeraire, gardez de vous emanciper,
Ne perdez iusques là vostre sage conduite,
Car ce procedé porte vn repentir en suite.
#### LIGDAMON.
Ie demande pardon, & me veux retirer,
Pourueu qu'on dise vn mot qui me face esperer.
#### SILVIE.
Ie ne donne iamais de plus grande esperance
Que celle de se voir dedans l'indifference.
#### LIGDAMON.
Quoy, le parfait amour n'est-il rien en ce point?
#### SILVIE.
Ie vous oblige trop ne vous hayssant point.
#### LIGDAMON.
Faueur certes sans pair, à nulle autre seconde,
Faueur que l'on depart presques à tout le monde.
#### SILVIE.
Vous traittāt du commun i'auois tort, pardōnez,

Car il ne m'a rien fait, & vous m'importunez.
### LIGDAMON.
N'aurez-vous pas pitié du feu qui me devore?
### SILVIE.
Vostre mal n'a besoin que d'vn peu d'elebore.
### LIGDAMON.
Il est vray, ce remede est propre à ma raison,
Mais sçachez que plustost ie prēdrois du poison,
Ie me plais dans l'excés de ma melancholie.
### SILVIE.
Ne flattez point son nom, appellez la folie.
### LIGDAMON.
Quoy que soit ma douleur, voꝰ la pouuez guerir.
### SILVIE.
Si d'autre ne le peut, resous toy de mourir.
### LIGDAMON.
O cruelle response, & plus cruelle absence,
Qui mesprise l'amour & foule l'innocence,
Est-il donc ordonné par l'arrest du destin
Que iamais sa rigueur ne doiue auoir de fin?
Dieux, sort, fatalité, destins & parques noires,
Ostez moy l'vn des deux, la vie ou la memoire;
Car parques & destins, fatalité, sort, Dieux,
En dépit de vous tous ie mourray dans ces lieux.

Et vous m'importunez, m'a dit cette inhumaine,
Appeller importun le recit de ma peine;
Et vous m'importunez: ha! non, ie veux finir,
Il faut dedans mon sang noyer ce souuenir:
Tygresse, où que tu sois autre part occupée,
Reçois le sacrifice offert par mon espée.

### ALCIDOR.
Insensé que fais tu? las! quel estrange sort
Te peut contraindre icy de courir à la mort?

### LIGDAMON.
Siluie, & mon malheur, que cela te suffise,
Satisfait, laisse moy poursuiure l'entreprise.

### ALCIDOR.
Ie ne le feray pas, cesse de discourir.

### LIGDAMON.
Et comment? pense tu me garder de mourir?
Apprends quãd la douleur est extrémement forte
Que l'ame pour sortir ne peut manquer de porte,
Et que nul ne sçauroit ce projet empescher:
Doncques pour ce regard tu presches vn rocher.

### ALCIDOR.
O! que tu connois mal le naturel des femmes,
L'apparente froideur cache souuent des flames,
Peut-estre celle là qui t'a tant mesprisé

Ainsi n'auroit pas fait si elle l'eust osé,
Mais la discretion qui la retient pressée
Sous vn front irrité couure vne autre pensée.
### LIGDAMON.
Ce discours enchanteur me vient ressusciter.
Ha! bons Dieux, qu'aisément on se laisse flatter.
### ALCIDOR.
Et crois-tu qu'elle soit vne pierre, vne souche?
### LIGDAMON.
Plus dure mille fois.
### ALCIDOR.
     Ie le veux, la farouche
Iure de ne te mettre au nombre des contens,
Sçais tu pas qu'il n'est riē que ne vainque le tēps?
### LIGDAMON.
Exceptez en ma foy, qui iamais parjurée
Plus outre que les ans estendra sa durée.
### ALCIDOR.
Mais supposons encor, ce qu'on ne peut penser,
Que ce cœur de metal ne se puisse blesser,
Et que pour te guerir il faille que la Parque
Ordōne au vieux Carō de te mettre en sa barque:
Sans t'attaquer toy mesme, insensé furieux,
Que ne vas-tu chercher vn trespas glorieux?

## ET LIDIAS.

Es-tu seul à sçauoir que par toute la terre
Aujourd'huy la valeur s'exerce dans la guerre?
C'est là qu'auec honneur le trespas est permis:
Va bastir vn tombeau parmy les ennemis,
Vne pique à la main, soustenant vne armée,
Rends ta Dame amoureuse auec ta renommée;
Et durât ton sejour, les Dieux me soiēt tesmoins,
Que ie n'espargneray ny paroles ny soins
Pour rendre à tes desirs ployable ta Siluie.

### LIGDAMON.

Obligé du conseil, obligé de la vie,
Que comme vn secōd pere or' vous me conseruez,
Disposez librement de ce que vous sauuez:
Auant que de partir, cette lame choisie
Ne pourroit-elle rien pour vostre courtoisie?

### ALCIDOR.

Ie vous baise les mains.

### LIGDAMON.

     Or mon destin m'attend.

### ALCIDOR.

Pour vous combler de gloire.

### LIGDAMON. *Adieu.*

### ALCIDOR.

     Viuez content.

### LIGDAMON.
#### LIGDAMON.
Helas! que ce souhait m'est amer & sensible.
#### ALCIDOR.
Pourquoy?
#### LIGDAMON.
Parce qu'il veut vne chose impossible.
#### ALCIDOR.
L'absence bannira peut estre ce soucy.
#### LIGDAMON.
Oüy si ie m'esloignois, mais ie demeure icy.

---

## SCENE SECONDE.

### SILVIE. ALCIDOR.

#### SILVIE.
Deffaite d'vn amant dont l'ardeur m'importune,
Conduite par la main de la bonne fortune,
Ie reuiens dans ces lieux si propres à réuer,
Dans ces lieux où le iour ne me sçauroit treuuer,
Dans ces lieux où l'esprit s'endort & se repose,
Aussi bien que le corps dessus vn lict de rose:
Beaux lieux où la Nature esmaille le chemin

## ET LIDIAS.

D'vn rouge d'enemone & d'vn blanc de iasmin;
Icy l'oysiueté, le frais & le silence
Disputent à l'enuy dessus la preference:
Mais pour les accorder, comme ie les ressens
Ie les declare tous egalement puissans.
Icy l'on ne voit point sous la fraischeur de l'herbe
Ny de serpent rusé, ny de crapaut superbe,
Ou s'il s'en offre à l'œil, on remarque à l'instant
Que c'est celuy que l'onde a fait en serpentant;
Cette onde est si tranquille, et si claire, & si pure,
Que mes yeux la prendroient pour vne onde en
   peinture,
Si le vent qui par fois luy donne des frissons
N'obligeoit à nager ce qu'elle a de poissons.
Dans ces bois innocens on ne connoist encore
Aucun objet sanglant que le teint de l'Aurore,
Nulle dispute aussi ne suruient en ces lieux
Que celle des oyseaux à qui chantera mieux;
Et quoy qu'on fasse icy de libre, l'on s'asseure
Que si ce n'est cette eau personne n'en murmure,
La nature en ces prez est tres-belle sans fard,
Elle n'emprunte rien de l'homme ny de l'art,
Bien qu'abondante en fleurs elle n'est arrozée
Que des mains de l'Aurore auecques la rozée:

Icy les animaux cachez dans l'espoisseur
Font mille bonds sur l'herbe en despit du chasseur:
Icy treuuant de quoy la diligente auette
S'espargne le trauail d'aller au mont Himette,
Et picore le miel qui tombe le matin,
Dessus le serpolet, la lauande, & le thin:
Enfin ce doux sejour où toute chose abonde
Se peut donner le nom du plus beau lieu du monde:
Les champs Elisiens & ceux cy son tout vn.
Mais, ô Dieux! derechef ie vay vn importun,
Helas! grãdes forests dont les fueillages sombres
Defendẽt mesme au ciel de penetrer leurs ombres,
Vous cõmettez vn crime aujourd'huy sans pareil
De souffrir vn fascheux, & chasser le Soleil.
ALCIDOR.
Portant dessus le front la morne inquietude,
Que faites vous icy parmy la solitude?
SILVIE.
Ie pratique vn conseil de tout temps enseigné,
Qu'il vaut mieux estre seul que mal accompagné.
ALCIDOR.
Certes ce compliment a mon ame rauie.
SILVIE.
Compliment aussi doux que l'esprit de Siluie.
Adieu

Adieu iusqu'au reuoir, l'heure m'appelle ailleurs.
### ALCIDOR.
Où pēsez vous treuuer des entretiens meilleurs?
### SILVIE.
Nulle part, mais l'humeur qui me guide est si som-
Que ie desirerois congedier mon ombre.    [bre,
### ALCIDOR.
De sorte qu'on ne peut sans importunité.
### SILVIE.
Faire vn pas seulement qui soit de mon costé.
### ALCIDOR.
Malgré tous ces desdains, si faut il qu'on m'en-
### SILVIE.       [tende,
Ie refuse tousiours premier qu'on me demande.
### ALCIDOR.
Escoutez quatre mots:
### SILVIE.
Quatre, ie le veux bien,
Asseuré toutesfois que vous n'obtiendrez rien.
### ALCIDOR.
Assez proche d'icy reposant à l'ombrage
I'entēds plaindre vn chetif d'vn amoureux outra-
Curieux auançant mes pas dedans le bois    [ge,
Ie me suis approché de cette triste voix;

B

J'ay connu Ligdamon, qui la face trempée
Tournoit deuers son cœur le bout de son espée,
Vous nommoit en pleurant, & lors les yeux ban-
             SILVIE.                    [dez.
Il ne s'est point fait mal.
             ALCIDOR.
                      Patience, attendez,
Les yeux, dy-ie, bâdez tout droit deuers la pointe
Aussi tost à son cœur elle alloit estre iointe.
             SILVIE.
Mais vous pour le sauuer y courustes soudain.
             ALCIDOR.
Et malgré ses efforts ie luy retins la main.
             SILVIE.
Si bien donc qu'à tout mal soustraite est sa person-
             ALCIDOR.                   [ne.
Excepté de celuy que ce bel œil luy donne.
             SILVIE.
O Dieux! quelle auanture est la mienne aujour-
             ALCIDOR.                   [d'huy.
Mocqueuse, vous riez de la douleur d'autruy.
             SILVIE.
Alcidor, Alcidor, veux-tu que ie te die,
Cet acte peut passer pour vne Comedie,

*Il se fust bien gardé d'entrer dans ce projet*
*Si ses yeux n'eussent eu les tiens pour leur objet,*
*Mais iugeant que ta main luy seroit secourable*
*Il voulut m'esmouoir par vne belle fable.*

### ALCIDOR.

*Maxime, qu'vn esprit plein d'vn rusé soupçon*
*S'imagine chacun basty de sa façon.*

### SILVIE.

*Maxime, qu'enuers moy la tromperie est vaine.*

### ALCIDOR.

*Ha! tygre desguisé dessous la forme humaine,*
*Fille de marbre blanc, qu'on ne peut entamer,*
*Ou cesse d'estre aimable, ou commence d'aimer.*

### SILVIE.

*L'vn & l'autre impossible à la nature mesme,*
*Reste que Ligdamon haïsse qui ne l'aime.*

### ALCIDOR.

*Las! Nymphe sãs pitié, qu'amour ne touche point,*
*L'impossibilité n'est qu'en ce dernier point,*
*Ligdamon a si bien empreinte en la memoire,*
*Qu'il peut sans t'oublier dãs l'oubly mesme boire.*
*Mais dis pourquoy ton œil son vnique vainqueur*
*Ne veut-il accepter le present de son cœur?*

## SILVIE.

Qu'il garde ce beau don, pour moy ie le renuoye,
Ie ne veux point passer pour vn oyseau de proye
Qui se repaist de cœurs, & ce n'est mon dessein
De ressembler vn monstre ayant deux cœurs au [sein.

## ALCIDOR.

A tort de tant d'attraits nature t'a pourueüe,
Puisque vray Basilic on meurt en t'ayant veüe.

## SILVIE.

S'il meurt en me voyant qu'il esloigne ces lieux,
Ou s'il n'en veut partir, qu'il se creue les yeux.

## ALCIDOR.

Vn iour, qu'il t'en souuienne, on te verra punie
De l'excés inhumain de cette tyrannie,
Lors que le temps vengeur qui volle diligent
Changera ton poil d'or en des sillons d'argent,
Que l'humide & le chaud manquant à ta poitrine
Accroupie au foyer t'arresteront chagrine,
Que tõ front plus ridé que Neptune en courroux,
Que tes yeux enfoncez n'aurõt plus riẽ de doux,
Et que si dedans eux quelque splendeur esclatte,
Elle prendra son estre en leur bord d'escarlatte,
Que tes leures d'ebeine, & tes dents de charbon
N'auront plus rien de beau, ne sentiront plus bon,

Que ta taille si droitte & si bien adiustée
Se verra comme vn temple en arcade voutée,
Que tes iambes seront gresles comme rozeaux,
Que tes bras deuiendront ainsi que des fuzeaux,
Que dents, teint, et cheueux restās sous la toilette
Tu ne mettras au lit qu'vn descharné squelette;
Alors certes, alors plus laide qu'vn demon
Il te ressouuiendra du pauure Ligdamon.
### SILVIE.
Oyseau malencontreux & de mauuais presage,
Le temps respectera plus que toy mon visage.
### ALCIDOR.
Ouy si tu prends pitié d'vn que tu fais mourir.
### SILVIE.
Le Medecin ne peut vn defunt secourir.
### ALCIDOR.
Bien que ja trespassé, belle & cruelle Dame,
Vn baiser seulement luy redonneroit l'ame.
### SILVIE.
Bon soir, pour cet effet i'ay l'esprit trop peu fort,
Me preseruent les Cieux des baisers d'vn tel
   mort.

## SCENE TROISIESME.

LIDIAS. ARONTHE.
AMERINE.

### LIDIAS.

PVisque nous nous treuuõs en ce lieu solitaire,
Où tout cõme ie fais sçait biẽ l'art de se taire,
Dittes ouuertement pour me tirer d'esmoy
Ce qu'Aronthe a dans l'ame, & ce qu'il veut de
### ARONTHE. [moy.
Abregeant en trois mots la rage qui me dompte,
La mort de Lidias est ce que veut Aronthe.
### LIDIAS.
Il suffit, le discours sied mal dans les combats,
C'est pourquoy pour mourir mettez le pourpoint
Et prenez Amerine au bout de mon espée. [bas,
Comment? vous reculez pour vne main coupée,
Halce n'est pas assez, il faut d'vn coup vainqueur
Effacer vn portrait que vous portez au cœur.

### ARONTHE.

O Dieux! ie n'en puis plus, ie chācelle, ie tombe,
Mon courage resiste, & ma force succombe;
Amerine mon ame, apprends que le malheur
En ce fatal combat a trahy ma valeur.

### LIDIAS.

O duel malheureux! ô funeste victoire!
Qui me liure à la mort sous vn appas de gloire:
La rigueur de nos loix me force à m'esloigner
D'vn objet que les Roys voudroient accōpagner:
Helas! le rude coup que le destin me donne,
Ie n'aime qu'vne chose, & mon œil l'abandonne,
Quoy! la quitterons nous? s'en est fait, il le faut,
Ou bien porter sa teste au sanglant eschaffaut:
A la faueur de l'ombre esloignons cette ville,
Allons dans le Forest rechercher vn azile,
Attendant que le temps nous laisse en liberté
De n'estre qu'en amour dans la captiuité.
Adieu belle Amerine, aujourd'huy plein de flame
Ie t'emporte en mon cœur, & reste dans ton ame,
Puisse-ie en reuenant treuuer ton entretien
Auec mon souuenir comme i'auray le tien.

### AMERINE.

Ie rends graces au Ciel, qu'vne frayeur conceuē

B iiij

Se fait voir sans sujet & sans sinistre issuë,
Que vous me releuez d'vn doute hazardeux,
Puisque vous estes seul où ie vous croyois deux.
### LIDIAS.
Pronostique certain de mon sort lamentable,
Helas! vostre soupçon n'est que trop veritable,
Car sans vous amuser de discours superflus,
L'vn meurt de mille morts, et l'autre ne vit plus.
### AMBRINE.
Et l'autre ne vit plus?
### LIDIAS. Vne ialouse enuie
Termine mon bonheur en terminant sa vie,
Vous verrez vn amant qu'on ne peut secourir,
Si vous tournez les yeux qui le faisoient mourir.
### AMBRINE.
O Dieux! mon sang se glace, Aronthe?
### LIDIAS. C'est luy mesme,
Qui plus heureux que moy finit pour ce qu'il ai-
### AMBRINE. [me.
Fuy d'icy, mon amour, que le peuple allarmé
De ce triste accident ne te poursuine armé.
### LIDIAS.
Quand leurs bras à ce mort m'offriront en amēde,
Le Ciel m'aura donné ce que ie luy demande,

Car m'esloigner de vous c'est plus que le trespas.
### AMERINE.
Laisse moy suiure, amy, ta fortune & tes pas,
J'iray si tu le veux iusqu'au riuage More
Mesler mes tristes pleurs aux larmes de l'aurore,
J'iray si tu le veux d'vn amour sans pareil
Me bastir vn tombeau dans le lit du Soleil,
Ie te suiuray par tout, m'estimant trop heureuse
Pourueu qu'on m'aime autant que ie suis amou-
### LIDIAS. [reuse.
Me preseruent les Dieux de iamais consentir
A ce qui traineroit vn tardif repentir :
Non non, n'y songez point, le sort plus fauorable
Ne vous veut pas vnir auec vn miserable,
L'objet de l'infortune & le but du malheur.
### AMERINE.
Garde bien ce serment pour guerir ta douleur,
Ie te iure mon cœur, le ciel, la terre & l'onde,
Ie te iure les Dieux qui gouuernent le monde,
Et dont pour ton salut i'implore la pitié,
Que iamais nul que toy n'aura mon amitié.
### LIDIAS.
Moy qui n'adore rien que vostre beau visage,
De tout autre serment ne connoissant l'vsage,

Ie vous iure par luy sur le point de partir
De cet aimable lieu, que ie mourray martyr.
### AMERINE.
Où bornes tu le cours de ta fortune errante?
### LIDIAS.
Toute terre sans vous me semble indifferente,
Ie prendray le Forest en ce present danger,
Secourable refuge à tout pauure estranger.
### AMERINE.
Amour y soit ton guide, adieu, reçoy mon ame
Qui passe dans ta bouche en ce baiser de flame.
### LIDIAS.
O transport! ô plaisir! ô merueilleux moment!
Ie me pasme, ie meurs en ce rauissement.
### AMERINE.
Va t'en, en ma faueur le Ciel est sans lumiere.
### LIDIAS.
Pour me faire partir partez donc la premiere.
### AMERINE.
Que veux-tu que ie fasse afin de m'acquitter?
### LIDIAS.
Quittez vn malheureux qui ne vo⁹ peut quitter.

## ACTE SECOND.

MEROVEE. CLIDAMANT.
LIGDAMON. ÆGIDE.
NICANDRE.

### SCENE PREMIERE.

LIGDAMON. ÆGIDE.

#### ÆGIDE.

Voy! voulez vous toufiours, Monsieur, que la tristesse
Soit dedans vostre esprit vne importune hostesse?
Auez vous le dessein de mourir de douleur
Dés le premier assaut que voº liure vn malheur?
Tout trẽpé dans les pleurs que produit vostre pei-
Estes-vous resolu de deuenir fontaine?  [ne

Helas! qu'auez vous fait en cette extremité
De ce que vous auiez de generosité?
La tempeste à la fin nous apporte le calme,
Et l'homme courageux doit imiter la palme,
Qui courbãt quelquesfois dessous l'effort du faix,
Se roidit, se redresse, & ne se rompt iamais.

### LIGDAMON.

Ha! que tu connois mal quelle est mon auanture,
Depuis que le cahos enfanta la nature
Et que les elemens se virent des-vnis,
Aucuns maux que les miens ne furent infinis,
Et Minerue en mon lieu quoy que prudente et sa-
Perdroit de la raison & la force & l'vsage. [ge

### ÆGIDE.

L'homme que le malheur commence d'approcher
Doit prendre sa leçon à l'aspect d'vn rocher,
Dont la masse solide & fermement plantée
Ne fait que se mocquer de la vague irritée:
Quiconque ne resiste à qui va l'assaillant
Ne sçauroit sans mentir se publier vaillant,
Et l'or idolatré de la race mortelle
Doit souffrir s'il est bon la touche & la coupelle;
Le supreme laurier des belles actions
S'acquiert à surmonter ses propres passions;

Mais celle de l'amour deplorable & funeste
Ne se vainc qu'en fuyant ainsi qu'on fuit la peste;
Il faut combattre en Parthe, & ne pas affronter
Vn qui dans ses captifs nous monstre Iupiter;
Desorte que ce mal qui la raison offense
Ne se guerit iamais si ce n'est par l'absence.

### LIGDAMON.

Si parmy les forests tu vois vn Cerf chassé
Portant dedans le flanc le dard qui l'à blessé
Plus viste que le vent arpenter vne plaine,
Qui croit quittant vn lieu quitter aussi sa peine;
Tel suis-ie absent de l'œil mon vnique vainqueur,
Ie fuis, mais en fuyant i'én ay le trait au cœur,
I'ay tousiours dans l'esprit ce visage adorable,
Comme l'ombre d'vn corps se void inseparable,
Toutes sortes d'objets sont autant de portraits
Où ie voy son humeur ainsi que ses attraits;
Ces monts à qui la gresle est tousiours inconnue,
A cause que leur chef est plus haut que la nue,
Me vont representant l'excés de son orgueil,
Les rocs sa dureté qui me met au cercueil;
La flame de la foudre aussi prompte que claire
Dans ses rayons de feu me dépeint sa colere;
Les arbres que ie voy par les vents agitez

Me font ressouuenir de ses legeretez;
Mais de peindre son cœur, c'est vn acte impossi- [ble,
La nature n'a rien de si fort insensible,
C'est là que le pinceau me demeure perclus.
Or passons aux beautez que nous ne voyōs plus,
La rose en son esclat me presente sa bouche,
La neige peint sa gorge, où personne ne touche;
Et lors qu'en soupirant ie regarde les Cieux,
Ie voy dans le Soleil vn crayon de ses yeux;
La forme & la couleur de la voute azurée
Me remet dans l'esprit sa prunelle adorée;
Bref la voyant par tout en mes pensers diuers
Ie luy fais vn tableau de tout cet vniuers:
Pour quitter cet objet que l'amour me fait suiure
Il faut premierement que ie cesse de viure,
Et si l'hôme en mourant tout entier ne meurt pas,
Qu'il reste quelque chose apres nostre trespas,
Que l'ame comme on dit recouure vne autre vie,
Dans le pays des morts, ie veux aimer Siluie.
Ægide n'as tu point remarqué sa beauté?
Est-il rien si semblable à la diuinité?
Mais insensé que dy-ie en l'ardeur qui me presse?
Elle ressemble aux Dieux, parce qu'elle est deesse.
Helas! i'en ay tiré tesmoignage certain,

## ET LIDIAS.

Sqrigueur m'a fait voir qu'elle n'a riẽ d'humain.
Allez, retirez vous, triste image effacée,
Fascheux ressouuenir de ma douleur passée;
Passée, ha! qu'ay-ie dit: las! ce nom du passé
Ne conuient pas au mal qui ne m'a point laissé;
Depuis le iour fatal que ie quittay ma Dame
Vn enfer portatif i'ay touſiours eu dans l'ame,
Qui tant que ie viuray ne m'abandonnera:
Ægide oste le moy, ton poignard le fera,
La pointe de ce fer chasse de ma pensée
Celle de la douleur dont elle est offensée.

### ÆGIDE.

Plustost que de songer à cet acte cruel
Le malheur sur mon chef pleuue continuel,
Plustost que perpetrer ce detestable crime
M'engloutisse la terre au profond de l'abysme;
En vain pour ce regard vous m'allez carressant,
Car ie suis resolu de n'estre obeiſſant.

### LIGDAMON.

Le deuoir d'vn sujet tel qu'vn maistre demande
Ne gist qu'en ce seul point, faire ce qu'on cõmande

### ÆGIDE.

Ouy bien si la raison est au commandement.

## LIGDAMON.

Helas! peux tu douter que ce soit autrement?
Sans rompre mõ discours souffre que ie m'explique,
Et ton esprit confus restera sans replique.
Dy-moy, si tu voyois quelqu'vn de tes amis
Dans le fond d'vn cachot où le malheur t'eust mis,
Et qu'il fust en ton choix de le tirer de peine.

## ÆGIDE.

Il auroit en ce cas la liberté certaine.

## LIGDAMON.

Or te voicy surpris d'vne forte raison,
Mon ame est en ce corps comme en vne prison,
Sa liberté depend d'vn acte de courage,
Vn seul coup bien donné la tire de seruage,
Dont te laissant aller trop lasche à la pitié,
Ie conclus que c'est fait vn tort à l'amitié, [me
Tort que ie te remets, pourueu qu'à l'heure mes-
Tõ poignard soit plus doux que l'ingrate que i'ai- [me.

## ÆGIDE.

Si faire vn paradoxe en Sophiste excellent
Pouuoit me mettre au cœur ce dessein violent,
Certes par ce propos vostre rare eloquence
Me feroit approuuer sa fausse consequence,
Mais stupide et grossier iusques au dernier point,
Ce discours

## ET LIDIAS.

Ce discours est si haut que ie ne l'entends point;
Et puis le sens cōmun m'a tousiours fait connaistre
Que la main d'vn subjet ne doit fraper sō maistre.
### LIGDAMON.
Ie pardonne vn refus qu'on fait auec effort,
Assez d'autres chemins nous meinent à la mort,
I'en treuueray bien vn pour sortir de disgrace.
Cependant ie connois en voyant cette trace
D'hommes, de chariots, de pistes de cheuaux,
Que bien-tost dans le camp nous bornōs nos tra- [uaux.
### ÆGIDE.
L'air trouble que ie voy nous marque la fumée
Qu'exhalent tant de feux qui sont dans vne ar- [mée.
### LIGDAMON.
Addressons là nos pas pour auoir ce bonheur
D'aller l'espée au poing mourir au lit d'honneur.

## SCENE SECONDE.

### Nicandre. Ligdamon. Ægide.

#### Nicandre.

Sus, demeure assassin, tourne visage, infame,
Qui perdis ton renõ pour gaigner vne femme,
Les Dieux en ce rencontre ordonnent à ma main
De venger par ta mort celle de mon germain.

#### Ligdamon.

Insensé Caualier, aussi plein d'arrogance
Comme tes sots discours le sont d'extrauagance,
Sur peine au mesme instant d'encourir le trespas
Ne presse vn estranger qui ne te connoit pas.

#### Nicandre.

Tu ne me connois point? ô l'insigne mensonge!

#### Ligdamon.

Auec les yeux ouuerts ie te croy dans vn songe,
Mais laisse vn innocent que tu dis criminel,
Ou ie t'endormiray d'vn sommeil eternel.

### ÆGIDE.
C'est trop de patience, il faut.
### LIGDAMON.
Arreste Ægide,
Si tu bransle, ce fer deuient ton homicide,
Ie me sens assez fort pour mettre à la raison
Celuy dont la folie est sans comparaison.
### NICANDRE.
Helas! ie suis blessé, Aronthe mon cher frere,
I'esprouue ainsi que toy la fortune contraire;
Acheue, Lidias, si tu veux m'obliger,
Celuy meurt doublement qui vit sans se vanger.
### LIGDAMON.
Ægide, soustiens le iusqu'au prochain village.
### NICANDRE.
As-tu peur que la mort, traistre, ne me soulage?
Adiouste à cette playe vn supplice nouueau.
### LIGDAMON.
Vous estes moins blessé dãs le bras qu'au cerueau.

## SCENE TROISIESME.

MEROVEE. CLIDAMANT.
LIGDAMON. ÆGIDE.

### MEROVEE.

LA victoire est à nous, le cœur me le presage,
Desia to9 mes soldats l'ōt peinte en leur visa-
L'allegresse publique erre parmy les rangs, [ge,
Ils sont tous occupez à des soins differents,
L'vn fourbit son harnois, l'autre vn cheual manie,
L'autre void si sa trousse est de fleches garnie,
Vn autre impatient commence à se fascher
De ce que le tambour ne l'oblige à marcher;
Enfin chacun attend vne heure reclamée
Qui doit dedans les Cieux porter ma renommeé:
Vous, braue Clidamāt, rare hōneur des guerriers,
Qui ieune succōbez sous le faix des lauriers,
Vous de qui les conseils me sont autant d'oracles,
I'espere que demain vous ferez des miracles,
Prenez parmy les miens tel rāg qu'il vous plaira,
Asseuré que pas vn ne desobeïra.

Et que la recompense est hors d'incertitude,
Car vous suiuez vn Prince exēpt d'ingratitude,
Qui pour son interest ne veut rien butiner,
Et ne veut tout auoir qu'afin de tout donner.

### CLIDAMANT.

Sire, dedans trois mots ma responce comprise
Vous fera voir à clair quelle est mon entreprise,
Au discours obligeant que vostre Majesté
A fait pour me piquer de generosité,
Ie dis que sous vn Roy pere de la vaillance
La timidité mesme auroit de l'asseurance,
Qu'à nul commandement ie ne me veux lier,
Resolu de combattre en simple Caualier:
Quant au loyer promis, content de ma fortune,
Des mains de Iupiter ie n'en voudrois aucune;
Ie suis nay souuerain, i'ay de quoy m'assouuir;
Mais vos rares vertus me forcent de seruir,
Et si dans le combat vn gain ie me propose,
C'est celuy de l'honneur, & non pas d'autre chose,
Toute autre recompense est au dessous de moy,
Le nō de Roy me manque, & non le cœur de Roy.

### MEROVEE.

Prince dont la vertu n'a rien qui la seconde,
Quād l'effort de mon bras m'aura cōquis le mōde,

C iij

Que l'vniuers entier tremblera sous ma loy,
Ie n'auray rien encor' qui soit si grand que toy:
Ie confesse à regret ma force trop petite
Pour fournir d'vn loyer egal à ton merite;
Mais qui fait ce qu'il peut, sans doute fait assez:
Au reste, ieune Mars, si nos trauaux passez
Le desir de regner ton courage aiguillonne,
Ie te partageray mon Scepre & ma Coronne;
Et bien qu'vn compagnon choque la Royauté,
Mon esprit se resoud à cette egalité.
Mais quel est ce guerrier dont la démarche graue
Semble forcer les yeux à iuger qu'il est braue?

CLIDAMANT.
Sire, permettez moy que i'aille le sçauoir.

LIGDAMON.
Aujourd'huy la fortune a monstré son pouuoir,
Mes vœux sont accõplis ayãt treuué mon maistre.

CLIDAMANT.
Dieux! estes vous celuy que ie pense connaistre?

LIGDAMON.
Ligdamon, le premier des seruiteurs parfaits,
Esclaircira ce doute auecques les effets.

CLIDAMANT.
A ce coup, cher amy, ie voy que le Ciel m'aime,

Sous vn teint delicat voicy la valeur mesme
Qui vient offrir aux pieds de vostre Majesté
L'inuincible secours qu'il porte à son costé;
Ie puis sans le flatter dire à son auantage
Que peu de Caualiers l'egalent en courage,
S'il vous plaist luy donner demain le premier
 rang,
Sans doute il signera ce discours de son sang,
Ie l'ay veu maintesfois en pareille escarmouche:
Sire, la verité vous parle par ma bouche.
### LIGDAMON.
Monarque dont le nom craint par tout l'vniuers
N'eut iamais d'ennemis qu'il ne mist à l'enuers,
Prince dont la valeur redoutable à la guerre
Se va faire vn Estat aussi grand que la terre,
L'aimant de vos vertus tirant icy mes pas
M'oblige d'y chercher l'honneur dans le trespas,
Trop heureux en ma mort si pour comble de gloire
Ie puis reuiure apres dedans vostre memoire.
### MEROVEE.
Guerrier bien qu'inconnu, ie t'aime infiniment,
Fondé sur le propos du Prince Clidamant,
De qui le bel esprit rare au siecle où nous sommes,
Ne se trompe iamais en l'estime des hommes;

Tu sois le bien venu, de grace asseure toy
Qu'vne entiere faueur tu treuueras chez moy,
Et que tu connoistras comme vne ame royale
Est dans son element paroissant liberale.
Que l'on se tire à part, certain cas important
Demande que vous seul l'appreniez à l'instant,
Aduisez, Clidamant, i'oubliois à vous dire
Qu'au point que le Soleil commençoit à nous luire
Les gardes de mõ Cãp dans ma tente ont trãsmis
Certains Ambassadeurs venus des ennemis.

### CLIDAMANT.

Pour requerir la paix?

MEROVEE. Non pas determinée,
Mais bien pour differer cette grande iournée,
Que me conseillez-vous là dessus? dites moy.

### CLIDAMANT.

Sire, s'il est permis de conseiller vn Roy,
Dont l'esprit va passant Iupiter en prudence,
I'ose vous asseurer de la part de la France,
Que tous vos bons subiets faschez de l'attentat,
Veulẽt que leur Roy soit tout ou riẽ dans l'Estat:
Oeil de ce beau Royaume, admirable Monarque,
Qui passez sur le ventre à l'implacable Parque,
Faisons leur demain voir les allant affronter

## ET LIDIAS.

Que vostre ire recule afin de mieux sauter,
L'honneur vous y semond, & le Ciel fauorise
L'auspice bien-heureux d'vne telle entreprise.

### MEROVEE.

Mais puis qu'ils vont craignans de s'attaquer à nous,
Ne vaudroit-il point mieux prendre vn remede doux,
Et sans rien hazarder leur donner sa relasche?

### CLIDAMANT.

Dedans ce succre icy l'aconit on nous cache,
Sire, ce n'est pas tout d'estre esleué bien haut,
Il faut sçauoir prudent se preseruer du saut,
Appuyer bien son throsne, & doptant le rebelle
Que son col à vos pieds serue d'vne escabelle:
Donnez à vostre Regne ainsi qu'aux bastiments
L'inesbranlable appuy de fermes fondements,
Destrempez le ciment d'vne telle muraille
Dans l'infidele sang de cette orde canaille.

### MEROVEE.

La douceur sied fort bien auec la Majesté,
Vn Prince est odieux vsant de cruauté.

### CLIDAMANT.

Elle passe souuent pour vn mal necessaire,
L'image des bourreaux empesche de mal faire,

Et l'horreur du supplice ordonné par les loix
Asseure puissamment la Coronne des Rois,
La fortune s'enuole aussi tost que la plume,
Il faut battre le fer quand il est sur l'enclume.
### MEROVEE.
Vn Prince desirant d'vn peuple estre vainqueur,
Doit cōmencer de vaincre en luy gaignāt le cœur.
### CLIDAMANT.
Vn Prince desirant vieillir auec l'Empire
Doit tout exterminer ce qui luy pourroit nuire.
### MEROVEE.
Vn Monarque tyran est indigne du iour,
Le peuple et les troupeaux se menent par amour.
### CLIDAMANT.
Si la crainte & l'amour le peuple auoit ensemble,
Ce seroit le meilleur, au moins il me le semble,
Mais ne pouuant les deux aisément acquerir,
La crainte plus qu'amour empesche de perir.
### MEROVEE.
Tousiours dans vn cōbat l'heur est en la balance.
### CLIDAMANT.
Mais cet heur panchera deuers vostre vaillance.
### MEROVEE.
Le sort le plus souuent mal traitte les mutins.

## CLIDAMANT.

Il faut l'espée au poing surmonter les destins,
Terrasser à vos pieds l'insolence effrenée
De cette populace au reuolte addonnée:
Les Princes vont naissant auecques le desir
D'agrandir leur Estat pour croistre leur plaisir:
Faites donc adorer la puissance Royale
Des flots de Normandie à la mer Prouençale,
Et regnât souuerain qu'vn clin d'œil, qu'vne voix
Fasse courber chacun sous la rigueur des loix.

## MEROVEE.

Mais comme quoy dompter ce Prothé variable?

## CLIDAMANT.

Il faut auec le fer se rendre redoutable.

## MEROVEE.

Cet hydre renaistra pour croistre nos meschefs.

## CLIDAMANT.

Vous Alcide nouueau, trãcherez tous ses chefs:
Que la premiere ville esclaue de vos armes
Sente iusques où va la fureur des gensdarmes,
Estouffez dans leur mort les lasches trahisons,
Et que le sang desrobe à nos yeux les maisons;
L'exemple sert beaucoup, la perte d'vne ville
Faitte bien à propos vous engaignera mille.

*Mais si ce triste objet ne leur touche le cœur,*
*Ne reuenez iamais sans reuenir vainqueur;*
*Quoy qu'il couste, mõ Roy, faites leur reconaistre*
*Que de nom & d'effet vous voulez estre maistre:*
*Et lors que la victoire en ses plus grands appas*
*Pompeuse dans son char vous suiura pas à pas,*
*Qu'vn tas de soldats morts, de drapeaux et de piques,*
*De targues, de tambours, de bastimens antiques,*
*Pesle-mesle entassez en mont prodigieux,*
*Porteront vostre los iusques dedans les Cieux,*
*Enchaisnez la fortune, & luy rompant vne aile,*
*Faites que vos exploits ne se treuuent sans elle:*
*Poursuiuez, combattez, ne vous lassez iamais,*
*Il faut faire la guerre afin d'auoir la paix,*
*Et ne pas imiter les torrents en furie*
*Qui bornent leur conqueste à trois pas de prairie,*
*Qui n'ont qu'vne fougade, & dont l'insolent flus*
*Se cache si profond qu'on ne le reuoit plus;*
*Hannibal a terny le lustre de sa gloire*
*Pour n'auoir pas suiuy le fil de sa victoire,*
*La treve le perdit, car s'il eust combattu*
*Rome estoit le loyer acquis à sa vertu;*
*Si neuf ans vnze mois eussent rendu timides*

## ET LIDIAS.

Les chefs & les soldats des troupes Argolides,
Apres auoir souffert des maux vn million,
Encor subsisteroit le superbe Illion:
Cesar dans le fourreau ne remit son espée
Que la Gaule par luy ne se vist occupée;
Tant que l'Empire entier luy fut mis en depos
L'inuincible Cesar n'eut iamais de repos;
Vous qui les surpassez, rare ornement de France,
Cœur plus grand que le corps, ame de la vaillance,
Roy sans comparaison digne de posseder
Tout ce que le Soleil a pouuoir d'œillader,
Endossez le harnois, à cheual, grand Genie,
Faites que tout d'vn coup la guerre soit finie,
Paroissez sur les rangs, & sans plus discourir
Resoluõs-nous d'aller les vaincre, ou bien mourir;
Les extremes sont bons à leur rage felonne,
On n'achete iamais trop cher vne Couronne:
Donc allons au combat, & d'vn cœur resolu
Ou mourez en guerrier, ou viuez absolu.

### MEROVEE.

Le sort en est ietté, l'aurore matinale
N'aura plustost ouuert la porte Orientale,
Que la charge sonnant au sortir du Soleil
Vous connoistrez cõbien i'estime vn bon conseil:

46 LIGDAMON
Cependant ce guerrier icy hors de la presse
Vous dira côme quoy se porte la maistresse:
Hé! n'en rougissez point: Mars luy mesme amou-[reux
Tesmoigne que ce Dieu n'en veut qu'aux gene-[reux.
### CLIDAMANT.
Et bien, cher Ligdamon, dittes moy si ma mere
Du depuis mon départ est en estat prospere.
### LIGDAMON.
Amasis, grace au Ciel, & Galathée aussi
Sont dedans la santé qu'on leur souhaite icy,
Ie ne vous donne pas des lettres de Madame,
Car l'excés de douleur que ie portois en l'ame
Plus fort que le deuoir m'enleua de ce lieu
Sans ses commandemens & sans luy dire adieu.
### CLIDAMANT.
L'amour, ou ie me trompe, a causé cette absence.
### LIGDAMON.
L'amour & le dessein de finir ma souffrance.
### CLIDAMANT.
Vous pensez donc guerir par vn esloignement.
### LIGDAMON.
Oüy, si ce feu s'esteint dedans le monument.
### CLIDAMANT.
Chassez d'autre façon le mal qui vous possede.

## ET LIDIAS.

**LIGDAMON.**
Rien que le seul trespas ne porte mon remede.
**CLIDAMANT.**
Le sage attend la mort, le fol y veut courir.
**LIGDAMON.**
Viure comme ie fais est pire que mourir.
**CLIDAMANT.**
Le supreme des maux gist en la sepulture.
**LIGDAMON.**
S'il est grand, c'est au moins le dernier qu'on en-[dure.
**CLIDAMANT.**
Il ne faut point finir tant qu'on peut esperer.
**LIGDAMON.**
Donc n'esperant plus rien ie ne dois plus durer.
**CLIDAMANT.**
Que ie sçache le nom de cette inexorable.
**LIGDAMON.**
La plus belle du monde & la plus adorabel.
**CLIDAMANT.**
Ces termes generaux de grace esclaircissez.
**LIGDAMON.**
Puis qu'elle est sans pareille on la connoist assez,
En despit des objets qui luy portent enuie,
Ce titre glorieux n'appartient qu'à Siluie.

## CLIDAMANT.
Il est vray, Ligdamon, qu'elle a de la beauté.
## LIGDAMON.
Vous parlez froidement d'vne diuinité.
## CLIDAMANT.
Les Dieux, côme ses yeux, ne font mal à persône.
## LIGDAMON.
Les Dieux, côme ses yeux, prennent ce qu'on leur
## CLIDAMANT. [donne.
Mais elle a desrobé d'vn pouuoir absolu.
## LIGDAMON.
En desrobant mon cœur luy mesme l'a voulu.
## CLIDAMANT.
Or puis-que ie connois cette belle inhumaine,
Sçachez que le plaisir talonnera la peine;
Et que ie vous promets parauant qu'il soit peu
Faire fondre sa glace auprés de vostre feu.
## LIGDAMON.
Vous dissoudrez plustost celle de la Scythie.
## CLIDAMANT.
Mais d'où peut proceder si grande antipathie?
## LIGDAMON.
Deux choses seulemët font naistre mes trauaux,
L'excés de son merite, & le peu que ie vaux.

S'il

## CLIDAMANT.

S'il n'y a que cela, ma parole engageé
Promet absolument de la rendre changée.

## LIGDAMON.

Vous changerez premier l'ordre de l'vniuers
En mettant les Estez dans le rang des Hyuers,
Et pluſtoſt vous mettrez le Ciel dedans l'abyſme,
Et l'abyſme où ſe void cette voûte ſublime,
Que non pas de toucher d'aucun trait de pitié
Ce cœur que la nature a fait ſans amitié.

## CLIDAMANT.

Incredule auſſi bien que remply de conſtance,
Mon retour fera voir ſi i'ay de la puiſſance.

## LIGDAMON.

Auant voſtre retour mon treſpas ja tenté
Vous abſould d'vn ſerment d'impoſſibilité.

D

# ACTE TROISIESME.

MEROVEE. CLIDAMANT. TROVPE D'HABITANS DE PARIS. SILVIE. LIDIAS. AMERINE. LA MERE DE LIDIAS. LIGDAM. ÆGIDE.

## SCENE PREMIERE.

### MEROVEE. CLIDAMANT. BOVRGEOIS.

#### MEROVEE.

EN vain vous m'opposez tant de rai-
sons friuoles,
Car ie croy plus mes yeux que non
pas vos paroles,
Mes yeux, mes propres yeux, sçauent en verité
Que ie tiens de vos mains l'Empire & la clarté.

## ET LIDIAS.

Or mon esprit estant dans cette certitude,
On ne le verra point noircy d'ingratitude,
Chassez de vos vertus la seule humilité,
Receuez vn laurier iustement merité,
Souffrez que tous mes gens courbez iusques à terre
Vous rēdent les hōneurs deus au Dieu de la guer-
Vostre bras les garda du supréme meschef, [re,
Puis qu'vn corps ne peut viure estāt priué de chef,
Moy mort leur liberté s'en alloit asseruie,
Vous les auez sauuez en me sauuant la vie:
Conseruer vn Royaume est vn acte d'vn Dieu,
Il faut dōc, grād Heros, qu'à cette heure en ce lieu
Nous enuoyons au Ciel l'honorable fumée
De l'encens que ie donne à vostre renommée:
Mais ce foible deuoir ne vaut pas en parler,
Ce tesmoignage là se perdroit dedans l'air;
Il vaut donc mieux grauer cet exploit memorable
Dessus vn diamant, dont la lettre durable
Se puisse maintenir mille siecles diuers,
Et disputer de l'age auecques l'vniuers.

### CLIDAMANT.

Vº formez ma vertu de l'air cōme vn fantosme,
Et voulez faire grand ce qui n'est qu'vn atosme,

D ij

Egaler mon courage au vostre sans pareil,
C'est autant qu'opposer vne estoille au Soleil;
Vouloir m'attribuer vne gloire vsurpée,
Gloire que nous deuons aux coups de vostre espée,
Certes c'est imiter ce bel astre en ce point,
Qu'il luit à tout le monde & ne s'esclaire point:
Ainsi vous, ô taureaux qui sillonnez la plaine,
Vous peinez sans gouster le fruit de vostre peine;
Ainsi vous, ô moutons, en certaine saison
Portez, mais non pour vous, vne grosse thoison;
Ainsi vous, beaux rosiers, florissez chaque année,
Mais ce n'est pas pour vo9, la fleur nous est donnée;
Ainsi vous, belle abcille, en faisant le miel doux
Trauaillez lōguemēt, mais ce n'est pas pour vous.
### MEROVEE.
Ainsi vous refusant vne louange deüe,
Voulez estre de ceux dont la peine est perdue.
### CLIDAMANT.
Indigne de l'honneur d'estre estimé d'vn Roy,
Ie ne veux auoüer ce qui n'est point en moy.
### MEROVEE.
Qui fit donc aux vaincus en fin mordre la poudre?
### CLIDAMANT.
Vous, Iupiter mortel, dont le bras est son foudre.

## MEROVEE.

Ha! ne me flattez point, croyant me contenter.

## CLIDAMANT.

Quoy que l'on puisse dire, on ne vous peut flatter,
Vostre juste louange à quel point qu'elle arriue
Est moindre que vos faits, & non pas excessiue.

## MEROVEE.

Mais qui me garantit d'vn barbare inhumain?

## CLIDAMANT.

Le Demon de l'Estat s'y seruit de ma main.

## MEROVEE.

A ce coup ie vous tiens, la chose ainsi connüe,
Fait que la verité nous paroist toute nüe.

*Il parle à vne troupe d'habitans de Paris.*

Amis soyez tesmoins de la recognoissance
D'vn Monarque obligé plus que de la naissance,
Escoutez comme quoy ce Dieu de la valeur
A soustenu mon Sceptre en dépit du malheur,
Lors que nostre ennemy sortit de sa muraille,
Et que nous eusmes pris nostre champ de bataille,
Que tous mes gens de pied rangez, tambour bat-
  tant
I'eus mis mes Caualiers aux aisles, à l'instant

Que la charge sonna, & que d'egal espace
Ie leur eus commandé de marcher pique basse,
Chacun sçait, mes amis, sans vous parler de moy,
Si ie fis le soldat, bien que ie fusse Roy:
L'euenement fut tel, l'auant-garde conduite
Par mon fils Childeric tout soudain prit la fuite,
La ieunesse du chef, pour ne dissimuler,
Sauuera du gibet ceux qu'on vit reculer.
Or l'ennemy voyant cette route premiere
Comme vn foudre lasché leur fond sur le derriere,
De sorte qu'en vn temps ie me vis accabler
Et d'eux et de mes gens que la peur fait trembler,
Si bien que ma bataille estant toute rompue
Les ennemis serrez s'opposent à ma veue,
Me ioignent de si prés qu'il ne me resta rien
Qu'vn dessein de finir tel qu'vn homme de bien,
Les Roys, ce dis-ie alors, encores qu'ils soient bra-
    ues
Naissent tous pour mourir, & non pour estre es-
    claues:
Or ce que mon bras fit tu le sçais, Iupiter,
Mais l'honneur me defend de vous le raconter:
Ce genereux guerrier qui ce malheur regarde,
Et qui seul commandoit à mon arriere garde,

Partant cõme vn esclair pour borner mon ennuy,
Apporta la victoire en croupe auecques luy.
Citoyens, vistes vous iamais l'oyseau de proye
Fondre sur des perdrix qu'il descouure à sa voye,
N'auez-vous iamais veu quelque loup bocager
Escarter vn troupeau qu'il treuue sans berger,
Ou l'horrible sanglier dont la forte defence
Escarte en vn moment la meute qui l'offence;
Tel parut ce Heros, de qui les seuls regards
Auroient mis la frayeur dedans le cœur de Mars,
Et dont la dextre alors parmy le sang trempée
Portoit tousiours la mort au bout de son espée:
A chaque coup donné sans doute on voyoit bas
Ou la teste, ou la cuisse, ou la iambe, ou le bras;
L'abondance du sang respandu par la plaine
Augmenta d'vn ruisseau les ondes de la Seine,
Et rougit tellement la riuiere en son flus,
Qu'à l'abord l'Ocean ne la connoissoit plus:
Aussi les ennemis perdant toute conduite,
Plus viste que le vent se mettent à la fuite,
Et presque sans espoir de voir le lendemain
Se seruent de leurs pieds, & non plus de la main;
Et tel fuyoit la mort d'vne vitesse extreme,
Qui par excés de peur se la donna luy mesme.

Moy qui pour eſpargner le tribut d'vn denier
Auois fait vn treſor au paſle nautonnier,
Qui pour ſauuer ma vie au milieu des allarmes
Me couurois d'vn rempart fait de corps de gens-
  darmes,
Remontant à cheual aydé de ce Guerrier,
I'acheue de changer le Cyprés en Laurier,
Et la victoire alors dit à la renommée,
Qu'elle allaſt publier qu'elle eſt dãs noſtre armée.
Ainſi vous apprenez, amis, de ce diſcours
Comme quoy Clidamant par ſon diuin ſecours,
Et par les grands effets de ſon fer homicide,
A beaucoup ſurpaſſé ce que l'on dit d'Alcide,
Car ſon hydre n'auoit que ſept chefs ſeulement,
Mais qui pourra compter les yeux du firmament,
Les cheueux de Ceres, le ſable maritime,
Celuy ſeul peut nombrer d'vn compte legitime
Combien de chefs auoit, ieunes, hardis & forts,
La ſuperbe grandeur de ce monſtrueux corps.

### CLIDAMANT.

Si ce ſeruice, helas! vaut vne recompenſe,
Si le peu que i'ay fait merite qu'on y penſe,
I'oſe vous requerir de vouloir m'accorder.

#### MEROVEE.
Par les Dieux tu l'obtiens auant que demander,
Quoy que ce soit, & fust-ce et le Sceptre ou la vie,
L'vn & l'autre en tes mains, assouuis ton enuie.
#### CLIDAMANT.
Ligdamon recherché, mais inutilement,
Dans ceux que le combat a mis au monument,
Me fait conjecturer que dedans Rothomage
La fortune le voit reduit sous le seruage;
Sire, deliurez le, seur que sa liberté
Me tient lieu de loyer, si i'en ay merité:
Sans luy ie ne sçaurois voir la clarté celeste,
Pilade ie ne peux viure sans mon Oreste.
#### MEROVEE.
Vn Heraut enuoyé deuant qu'auoir dormy
Offrira cent captifs pour tirer ton amy,
Ce change auantageux sans doute le rameine:
Mais si trompé d'espoir mon attente estoit vaine,
Et que le Neustrien aigrist vn Potentat,
Foy de Roy nous l'aurons, ou i'y perdray l'Estat.

## SCENE SECONDE.

### SILVIE. LIDIAS.

#### SILVIE.

##### STANCES.

Triste & profonde solitude,
Affreux desert, hideux manoir,
Qui n'auez pourtant rien de noir
Au prix de mon ingratitude,
Sous vostre obscurité ie viens en ce malheur
Cacher mon crime & ma douleur.

Grands objets du tout impaßibles,
Arbres, rochers sans sentiment,
Esperez quelque changement
En vos natures insensibles,
Puis qu'Amour autrefois me treuuoit à ses coup
Plus arbre & plus rocher que vous.

Jamais vne telle constance
Que celle de mon Ligdamon
Ne receut mesme d'vn demon
Vne pareille resistance,
Mais ce Dieu si petit qu'il entre dans le cœur
D'vn captif a fait mon vainqueur.

Estrange effect de ma fortune,
I'aime ce que ie ne voy pas,
Et soupire apres des appas
Dont la presence m'importune,
Pour plaire à mon caprice, et demeurer d'accord,
Il faut qu'on soit absent ou mort.

Mais non, conserue mieux ta vie,
Passe la toute à me blasmer,
Certain qu'vn tygre peut t'aimer,
Puis qu'on le void faire à Siluie,
Reuiens pour te venger & pour me secourir,
Tu le peux me faisant mourir.

[ture
Que ces vers sont charmans, i'y treuue vne pein-
Du malheureux succés de ma triste auanture,

Celuy qui les dicta plus sçauant que rimeur
Connoissoit bië le fonds de ma mauuaise humeur,
Il lisoit dans mon cœur, & sçauoit la maniere
Dont ie traittois iadis vne ame prisonniere;
Il sçauoit que l'Amour à la fin s'est vengé
D'vn excés de rigueur qui l'auoit outragé,
Et que ma resistance apres s'estre renduë
Soupire sans espoir ma liberté perduë.
Helas! cher Ligdamon, si i'ay peu retenir
Encore quelque place en ton beau souuenir,
Reuiens, mon cœur, reuiens, tu me verras punie
D'vn supplice aussi grand que fut ma tyrannie,
Tu me verras souffrir les maux par toy soufferts
Et languir en prison comme toy dans les fers.
Mais où va ce propos? quel excés de folie
Me fait ainsi flatter dans ma melancholie?
Ligdamon ne vit plus, sa flame & mon orgueil
Sans doute absent d'icy l'ont mis dans le cercueil;
Et c'est pourquoy le Ciel me condamne equitable
A ce mal sans remede autant qu'insupportable.
Mais helas, quel miracle! oseray-ie, mes yeux,
Croire à vostre rapport? c'est luy mesme: grands
    Dieux!
Comme le cœur me bat; ie tire vn bon presage,

Et voy qu'il m'aime encor à ce triste visage:
Escoutons ce qu'il dit, & puis luy faisons voir
Qu'amour nous a sceu mettre aux termes du de-
### LIDIAS. [uoir.
En ce iour arriué dans l'heureuse contrée
Où mes persecuteurs ne treuuent point d'entrée,
Ie rends graces au Ciel de ce qu'il a permis
Que ie sois eschappé de tous mes ennemis;
Maintenant affranchy de peril & de crainte
Mon esprit en repos n'a aucune contrainte,
Et dans la liberté de cet heureux seiour
Ie ne sçaurois mourir si ie ne meurs d'amour.
### SILVIE.
Ne craignez point ce mal, chere ame de mõ ame,
Ie nourris plus de feux que vous n'auez de flame,
Desormais mieux d'accord & d'vn mesme desir,
Si nous mourons vn iour ce sera de plaisir.
### LIDIAS.
Cette grande forest si couuerte d'ombrage
En me faisant vn bien vous a fait vn outrage,
Elle vous a trompée, & le pouuez iuger
Regardant de plus prés ce visage estranger,
Qui loing du cher pays qui luy donna naissance,
N'a iamais eu l'honneur de vostre connoissance.

## SILVIE.

C'est auecques raison que vous restez confus,
Puis que ie ne suis point ce qu'autrefois ie fus,
Mais dãs ce changemẽt qui vous paroist extreme
Au moins, cher Ligdamon, soyez tousiours vous [mesme.

## LIDIAS.

Vous m'appellez d'vn nom qui m'est fort incõnu,
Et pour vous faire voir tout mon destin à nu,
Ie suis nay Neustrien qui pressé de desastre
Viens chercher en Forest l'aspect d'vn meilleur [astre,
Lidias est mon nom, contente en vos esprits
Souffrez moy d'acheuer le voyage entrepris.

## SILVIE.

Ha! ne me traittez point de cette indifference,
Plustost, cher Ligdamon, ostez moy l'esperance,
Aussi bien ce discours me donne le trespas.

## LIDIAS.

Madame, excusez moy, ie ne vous connois pas.

## SILVIE.

Vous parlez d'vne amour qui ne vient que de nai- [stre.

## LIDIAS.

Qui ne voº vit iamais ne vous sçauroit cõnaistre.

## SILVIE.

Est-ce à dessein de rire, ou bien pour me punir?

## ET LIDIAS.

LIDIAS.
Ie ne vous treuue point dedans mon souuenir.
SILVIE.
Venez vous de ce fleuue où l'on perd la memoire?
LIDIAS.
Quelque charme trôpeur vous deféd de me croire.
SILVIE.
Il est vray, mais c'est vous que ie treuue charmant.
LIDIAS.
Tel que ie suis en moy, vous n'auez point d'amant.
SILVIE.
Dites au moins pourquoy voꝰ n'aimez plus Siluie.
LIDIAS.
Aucune de ce nom ie n'aimay de ma vie.
SILVIE.
C'est assez, inhumain, cessez de m'affliger.
LIDIAS.
Ie m'en vay pour me plaire, & pour vous obliger.
SILVIE.
Ligdamon.

LIDIAS.
Cherchez-le.
SILVIE.
Ie le tiens, l'infidelle.

## LIGDAMON

**LIDIAS.**
Elle se rit de moy comme ie me ris d'elle.

**SILVIE.**
O Dieux! soyez tesmoins de cette trahison.

**LIDIAS.**
Demandez leur plustost la veuë ou la raison.

**SILVIE.**
Ie confesse ma faute, & bien ie fus cruelle,
Mais puisque nostre amour se monstre mutuelle,
Que ie connois mon crime, au lieu de me gesner
Vous aurez plus de gloire à me le pardonner.

**LIDIAS.**
Ie ne sçay que respondre à son extrauagance.

**SILVIE.**
Enfin l'humilité vaincra cette arrogance.

**LIDIAS.**
Souffrez qu'vn estranger du malheur assailly
S'enquiere du chemin qui meine à Marsilly,
Parmy tant de sentiers i'ay peur de me méprēdre.

**SILVIE.**
Neustrien de Forests, ie m'en vay vous l'apprendre,
Pourueu qu'en même tēps ce bel œil mō vainqueur
M'apprenne le chemin qui meine à vostre cœur.

SCENE

## SCENE TROISIESME.

AMERINE. LA MERE DE LIDIAS.

### AMERINE.

Dans vn mal sans pareil d'espoir abãdonnée,
Reduitte à souhaitter de n'estre iamais née,
Mon esprit demy mort à force d'endurer
N'a plus d'autres secours que celuy de pleurer:
Heureuse, helas! heureuse en souffrant tant d'allarmes
Si ie pouuois perir dans ce fleuue de larmes:
Mais les destins peruers resoluent irritez
Que mes iours ny mes maux ne soient point limi-
Donc, mon cher Lidias, ton ingratte patrie, [tez.
Qui pourroit t'adorer sans nulle idolatrie,
Te prepare vn supplice, & perdant la raison
Tient en te retenant les vertus en prison:
Cher cœur, pourquoy si tost bornois tu ton absence?
Craignois-tu que le mien mãquast de ta presence?
Helas! sans hasarder seulement vn escrit,
Assez t'auoit present qui t'auoit en l'esprit.

Ha! Iuges inhumains, n'auez vous point de honte,
Et toy sors de l'enfer, vaillante ombre d'Aronthe,
Viens apprendre aux bourreaux qui chocquent mon bonheur
Que ta mort autrefois fit naistre ton honneur,
Car bien qu'en ce combat l'ame te fut rauie,
La belle fin vaut mieux qu'vne plus longue vie,
Ioint que mourãt d'vn bras par qui tout est dompté
S'en plaindre seulement c'est trop de lascheté.
O steriles projets, semez dessus l'areine,
Arõthe n'est plus riẽ qu'vne pauure ombre vaine,
Qui n'ayant point de corps ne peut rien publier
Sinon que l'eau d'oubly nous fait tout oublier.
Et vous cachots affreux qui dedãs vostre enceinte
Retenez prisonnier le sujet de ma plainte,
Afin de reünir nostre iuste amitié,
De grace que vos murs se fendent de pitié :
S'il est vray qu'Amphion par sa douce harmonie
Sur la pierre eut jadis vne force infinie,
Donnez moy qui i'adore, & qui m'ayme si fort,
Qu'vne lyre iamais ne fut si bien d'accord.
Mais que vay-ie esperant d'vne fable, d'vn songe,
D'vn conte impertinẽt qu'a produit le mensonge?
Insensible d'essence on ne vous peut toucher,

L'amour hors de mon cœur n'est point dãs vn ro-
Et voꝰ Dieux qui tenez cette iuste balance [cher.
Qui penche auec excés deuers la violence,
Helas! souuenez vous en m'oyant discourir,
Puis qu'Arõthe estoit nay que c'estoit pour mour-
Mais où va ce propos? ces Dieux imaginaires [rir.
Dont le vulgaire parle en ses mots ordinaires,
Ce sont des Dieux de bois, ou de brõze, ou d'airain,
Qui n'ont que le seul nom d'vn pouuoir souuerain:
Ou si cette creance a rien de veritable, [table,
Ce sont des Dieux gourmãds qui sont tousiours à
Le nectar fait aller leur cerueau de trauers,
De la mesme façon qu'ils guident l'vniuers.
Inhumaine Themis, Deesse trop cruelle,
Mon amant est parfait & ie passe pour belle:
Mais tu ne sçaurois voir ce chefd'œuure des cieux,
Ton bandeau t'interdit la faculté des yeux,
Si tu le veux oster on te verra saisie
Aussi tost de l'amour & de la ialousie;
Lors dans ces passions si tu te veux guerir
Possede le viuant, & moy i'iray mourir.
Las! tu ne peux gouster ces offres sans pareilles,
Cõme tu manque d'yeux tu mãque bien d'oreilles;
Tans d'innocẽs meurtris font voir fort clairement

E ij

Que tous tes iugemens sont faits sans iugement,
Si bien que dans ce mal ie n'ay point d'assistance
Que celle que m: donne vne ferme constance,
Qui m'esprise la mort. Mais n'apperçoy-ie pas
Celle qui mit au iour l'autheur de mon trespas?

### LA MERE.

Plus auant que Niobe en la douleur amere,
Et ja preste à me voir rauir le nom de mere,
Beau nom qu'vne tygresse estime & treuue doux,
Amerine ie n'ay d'esperance qu'en vous,
Vous sçauez comme quoy ce cher fils que i'adore,
Ce fils qui vous seruit, & qui vous ayme encore,
Ce fils qui pour vous seule entra dans le danger,
Qui le porta banny chez vn peuple estranger,
Tombé soubs le pouuoir d'vn iuge inexorable,
N'attend plus qu'vne fin tragique & deplorable,
Et demain se verra le dernier de ses iours,
Si l'antique amitié ne vous porte au secours,
Par le resouuenir de cette douce flame
Que l'amour autrefois alluma dans vostre ame;
Par le resouuenir de ce mesme flambeau
Que mon fils fera viure encor' en son tombeau,
Par le soin que i'ay pris de l'esleuer fidelle,
Amerine vueillez prendre en main sa querelle,

Et puis qu'vn plus constant ne se pourroit trouuer
Employez vostre peine afin de le sauuer.
### AMERINE.
Dittes moy si ma mort peut obtenir sa grace,
Les Iuges voudront ils m'accepter en sa place?
Ne faut-il que passer dans les feux, dans les fers?
Ne faut-il que descédre au plus creux des enfers?
Ne faut-il qu'arracher le cœur de ma poitrine?
Commandez, l'obeïr est la part d'*Amerine*.
### LA MERE.
Apprenez vn moyen plus facile par moy,
Iadis nos deuanciers nous firent vne loy,
Qui porte qu'vne fille aura cet aduantage
Que venant demander en nom de mariage
Vn de ces condamnez au supplice dernier,
Elle peut l'espousant sauuer le prisonnier;
Si bien que maintenant il ne reste autre chose
Que de mettre en effect ce que ie vous propose.
### AMERINE.
Quoy que cette action me face bien rougir,
La nef à cela prés puisse à bon port surgir.
### LA MERE.
Ainsi du labyrinthe estant l'issuë aisée,
Ariadne demain deliure son Thesée.

AMERINE.

O ciel! ne permettz cet acte excecuté,
Que ie puisse esprouuer mesme infidelité.

---

## SCENE QVATRIESME.

LIGDAMON. ÆGIDE.

LIGDAMON.

Noire & profonde horreur où iamais la lumiere
Sinon faicte par art ne s'offre à la paupiere,
Lieux où l'air espaissy fait que le iour y luit
Vn peu moins que le soir, vn peu plus que la nuit,
Lieux maudits, lieux d'effroy, tristes & deplorables,
Lieux d'où riē que la mort ne sort les miserables,
Lieux que la destinée a sacrez au malheur,
Lieux où tous les objets ont la mesme couleur,
Où le Soleil se meurt, où le chagrin demeure,
Où les plus doux pēsers font desirer qu'on meure;
Cachots voisins d'enfer d'où l'on oit chez Pluton
Assez souuent bouillir l'onde du Phlegeton,
Et dont les habitans en leur pauure auanture

Ont commerce auec ceux que tient la sepulture;
Cachots si creux qu'ecor qu'ils fussēt descouuerts
Nostre œil ne pourroit voir celuy de l'vniuers,
Cachots dont le sejour est si noir & si sombre,
Que l'ombre m'interdit mesme d'y voir mon om-
Et dont les murs gluans d'vne froide vapeur[bre,
Suent d'humidité.

    ÆGIDE.        Comme ie fais de peur.
    LIGDAMON.
Malgré vous auiourd'huy ie porte dedans l'ame
De quoy voir assez clair, puis qu'elle est toute en
   flame:
Mais aussi d'autrepart, infortuné manoir,
Auprés de mon humeur vous n'auez rien de noir;
De me plaindre pourtant ie ne conçois l'enuie,
Trop content puis que i'ay le portrait de Siluie,
Que l'inclination a si bien sceu tracer
De couleurs que le temps ne sçauroit effacer;
Excellente, parfaicte, incomparable idée,
Image de Venus que i'ay tousiours gardée,
Icy ie vous adore, & mise au rang des Dieux
Ie vous voy de l'esprit qui vaut plus que les yeux,
A l'abord esclattant d'vne telle pensée
Desia l'obscurité se voit presque passée,

                      E iiij

Et pour ne receuoir l'affront d'estre obscurcy,
Le Soleil est heureux de n'entrer point icy:
Et moy tres-satisfait, puis qu'en l'absence mesme
Ie possede le bien de voir tout ce que i'aime,
Et certes mon esprit se plaindroit sans raison,
Car trois ans sont passez qu'il ne vit qu'en prison.

### ÆGIDE.

Chaque chose a son temps, & cette gentillesse
Seroit fort à propos auprés d'vne maistresse:
Mais maintenant, Monsieur, qu'on vous fait vn affront,
Que le glaiue mortel vous pend dessus le front,
Qu'on vous prend pour vn autre, & qu'vn peuple barbare
Rompt les loix de la guerre, & cruel se prepare
De vous faire courir vn extreme danger,
A vostre liberté vous deuez mieux songer.

### LIGDAMON.

Dans le mescompte estrange où ce peuple s'abuse,
Ægide mon amy ne cherchons point d'excuse,
La belle que ie sers desirant mon trespas
L'honneur ne me permet de reculer vn pas.

### ÆGIDE.

Il est beau de tenter vn acte plein de gloire,

Qui conserue en mourât nostre nom dans l'histoire,
Et qui laisse aux nepueux de quoy nous imiter:
Mais courir à clos yeux pour se precipiter,
Fait que vostre dessein reüssit au contraire:
Pour paroistre vaillant vous estes temeraire.

### LIGDAMON.

I'appreuue que chacun procede à sa façon,
Mon esprit ne sçauroit souffrir vne leçon,
Et si tu n'as iuré de t'acquerir ma haine,
Laisse faire au destin, & ne te mets en peine,
Car si la mort venoit me prendre à cet instant
Ie finirois en cygne & mourrois en chantant.

### ÆGIDE.

Ces resolutions me semblent trop cruelles.

### LIGDAMON.

Le naistre & le mourir sont choses naturelles.

### ÆGIDE.

Comme nostre naissance est en la main des Dieux,
L'arrest de nostre mort nous doit venir des Cieux.

### LIGDAMON.

L'on doit quand on le peut abreger ces desastres,
C'est ainsi que le sage a pouuoir sur les astres.

### ÆGIDE.

Cela ne s'entend pas comme vous l'entendez,

Quand d'vn mauuais aspect nous sommes regar-
   dez,
Et qu'ils dardent sur nous leur maligne influence,
Lors l'homme de vertu doit faire resistance;
Mais forcer la nature & creuser son tombeau,
C'est estre maniaque & foible de cerueau.

### LIGDAMON.

Et quoy donc? endurer vne peine eternelle?

### ÆGIDE.

Comme vn soldat qu'vn chef a mis en sentinelle
Ne doit iamais partir du lieu de son deuoir,
Que de son Capitaine il n'en ait eu pouuoir;
Ainsi nous que les Dieux ont placez dãs la terre,
Nous à qui les malheurs liurent tousiours la
   guerre,
Souples d'obeissance & pleins d'humilité
Nous n'en deuons sortir que par leur volonté:
Ioint que voˀ ne souffrez que pour vne insensible,
Dont amollir le cœur est vn faict impossible,
Vous vous pouuez tous deux appeller vn escueil,
Vous l'estes de constance, & elle l'est d'orgueil.

### LIGDAMON.

I'endure, il est certain, vn trauail sans exemple
Pour l'objet le plus dur que nature contemple,

Qui se baigne en mes maux, se plaist en mon tour-
 ment,
Et qui n'a rien de doux que les yeux seulement:
Mais bien que sa rigueur tyrannise mon ame,
Ie veux côme vn Phœnix mourir dedans la flame,
Et croire en expirant mon bonheur sans pareil,
Car si ie suis bruslé c'est du feu d'vn soleil.
### AEGIDE.
Sans parler de la mort allons si bon vous semble
Accoster le sommeil qui certes luy ressemble,
Mais qui recelle en soy beaucoup plus de douceur.
### LIGDAMON.
Va t'en prendre le frere & me laisse la sœur.

## ACTE QVATRIESME.

AMERINE. LA MERE. LIDIAS.
SILVIE. IVGE I. IVGE II.
IVGE III. HERAVT. PORTIER.
LIGDAMON. ÆGIDE.

## SCENE PREMIERE.

AMERINE. LA MERE.

#### AMERINE.

Insi qu'vn criminel porte vne ame con-
trainte
Tant qu'elle est balancée & d'espoir
& de crainte,
Et qu'il doute incertain tout pasle et tout trēblant
S'il aura son arrest fauorable ou sanglant;
Ainsi ie me ressens parmy cette auanture,
Dont le succés retient la mienne à la torture;

L'extreme impatience où mon cœur est reduit
M'a fait iuger vn an plus court que cette nuit,
Et ie m'imaginois voyant ces sombres voiles
Que le Soleil vaincu par le nombre d'estoiles
D'vne eclypse eternelle endurant la prison
Ne reuiendroit iamais dessus nostre horison :
Mais le Ciel d'or bruny se donne vne autre face,
De tous ces petits feux la lumiere s'efface,
Et desia les oyseaux commencent d'admirer
L'or meslé dans l'azur qui les vient esclairer ;
Ce bel astre en sortant des campagnes sallées
Perce de longs rayons les plus creuses vallées,
Et desseiche en passant l'humidité des fleurs :
Ainsi puisse tarir la source de mes pleurs,
Ou deuienne ce iour le dernier de ma vie.
Pourueu qu'à mon amant elle ne soit rauie,
Et que ie serue apres à la posterité
D'vn modele accomply de la fidelité.

### LA MERE.

Ma fille esperez mieux, l'intention sincere
N'a que fort rarement le destin aduersaire,
Iupiter quoy que iuste & clement aux humains,
De laine sont ses pieds si de fer sont ses mains,
Bien qu'il face esclater assez souuent la foudre,

Il ne met pas pourtant tousiours nos chefs en poudre,
Il imite vn bon pere à punir son enfant
Qui se porte mutin à ce qu'on luy defend,
Il hausse sans colere vne main menaçante,
Mais dés qu'vn repentir rend l'ame obëissante,
Ne se ressouuenant du peché que fort peu,
Vous luy voyez ietter les verges dans le feu:
Ainsi nos Senateurs qui sont vne peinture
De cet estre tout bon qui crea la nature,
Se formeront encor sur la douceur des Cieux:
Punir est aux bourreaux, et pardoñer aux Dieux;
Et puis le priuilege aussi me reconforte
En faisant refleurir mon esperance morte,
On ne sçauroit l'enfreindre, & ne reste en ce fait
Que d'eschanger bien tost le discours en effet.

### AMERINE.
Certaine vision me trouble & m'espouuante.

### LA MERE.
Ces larues ne sont rien qu'vne ombre deceuante,
Et s'engendrent alors que la nuict fait son tour
Des vapeurs du cerueau & des pensers du iour;
Mais durant ce loisir dépeignez m'en l'idée,
Au moins si la memoire en soy l'a bien gardée.

## AMERINE.

C'estoit dessus le poinct que du pasle Croissant
Les deux cornes d'argent alloient disparoissant,
A l'heure que Morphée, à ce qu'on nous fait croire,
Chasse les songes faux par la porte d'iuoire,
Quand lassée de gemir autant que de veiller
Mon œil appesanty s'est mis à sommeiller;
Lors de mon Lidias, ô l'estrange pensée!
L'ame seule sans corps en mon lit s'est glissée
Froide comme vn glaçon, se coulât dans mes bras,
Ie vis ensanglanter mon visage & mes draps,
Et i'entendis ces mots d'vne voix languissante;
Belle & chaste Amerine, homicide innocente,
Pardonnez vostre mort au meurtrier innocent
Que vostre œil abusé prit pour vn autre absent.
Lors ce triste fantosme en gemissant s'enuole,
Se perdant parmy l'air auecque sa parole:
Ie m'esueille en sursaut, & ie resue depuis
Au songe extrauagant qu'expliquer ie ne puis.

## LA MERE.

De vray ce songe affreux est estrâge et fantasque,
Mais quelque euenemêt que sa feinte nous masque
Ce n'est point aux mortels à s'en entretenir,
En voulant penetrer l'obscur de l'aduenir,

C'est vn liure fermé que le sort se reserue,
Et que ne pourroit lire en ma place Minerue.
Recourons donc au Ciel, priant d'vn cœur ardent
Qu'il vueille destourner tout funeste accident.
Celestes qui tenez en vos mains nos années,
Vous de qui les vouloirs s'appellent destinées,
Gräds Dieux de qui la main par ses effets diuers
Pourroient en vn clin d'œil effacer l'vniuers,
Dönez mon pauure enfant à mon humble priere,
Que ma requeste icy ne soit mise en arriere,
Accordez moy mon fils, faicte qu'en liberté
Il puisse posseder cette aymable beauté;
Si j'obtiens cette grace, à chaque an ie proteste
Que pour rendre par tout ce bien-fait manifeste
I'immoleray cent bœufs, afin qu'on puisse voir
Que chez vous la clemence est egale au pouuoir.

### AMERINE.

L'ame auec la priere en ma bouche venue
S'en va dans le dessein de penetrer la nue,
Prosternée au deuant de ce throsne eternel:
Grands Dieux, ie vous demäde vn pauure crimi-
Que j'obtienne de vous ce charitable office, [nel,
Et si pour vous flechir il faut vn sacrifice,
Sans respandre le sang des simples animaux

Pour

Pour sauuer Lidias & pour finir mes maux,
Acceptez, agréez, qu'au lieu d'vne hecatombe
I'aille verser le mien sur le bord de ma tombe.

---

## SCENE SECONDE.

### LIDIAS, SILVIE.

### LIDIAS.

#### STANCES.

Qve le destin iniurieux
   Qui trouble toutes mes delices
   A pour moy d'estranges malices,
Et qu'il se monstre furieux;
Il fait qu'vne fille aueuglée
D'vne passion desreglée
Dont son foible esprit est charmé,
Me poursuit d'vn dessein fantasque,
I'en suis aimé sans estre aimé,
Et croy moy mesme auoir vn masque.

F

*Depuis que le char du Soleil*
*Sortit le premier iour de l'onde,*
*Ce Dieu qui va par tout le monde*
*N'a iamais rien veu de pareil,*
*Quoy que mon discours execute*
*La Nymphe qui me persecute*
*En m'accusant de trahison*
*Tasche dans vne erreur extreme*
*De m'oster auec la raison*
*La creance d'estre moy mesme.*

*Elle m'embrasse, elle gemit,*
*Elle me nomme ingrat, rebelle,*
*Et dans sa plainte elle est si belle,*
*Que mon triste cœur en fremit,*
*Sans estre touché de ses charmes,*
*Ie le sens couler dans les larmes*
*Que ie donne à son amitié:*
*Mais Amerine ie vous iure*
*Que ie condamne ma pitié,*
*De peur de vous faire vne injure.*

Ie veux que le Ciel en courroux
Me face le but de la foudre,
Si iamais on me voit refoudre
D'adorer vne autre que vous:
Non non, cette pauure abusée
Que i'ay si souuent refusée
A tort de me plus rechercher,
Elle tente vn acte impossible,
Constant pour vous comme vn rocher,
Pour toute autre autant insensible.

Sa mort me lairra sans terreur,
Elle arriue pour vne image,
Ie n'ay point causé ce dommage
Qui ne vient que de son erreur,
Et n'ay garde pour l'amour d'elle
De perdre vn tiltre de fidelle
Qui m'a tant cousté d'acquerir:
C'est en vain qu'elle me reclame,
Sans doute on la verra perir
Si ses pleurs n'esteignent sa flame.
Mais voicy l'importune, amour fait aujourd'huy
Qu'elle se monstre aueugle aussi bien comme luy.

## SILVIE.

Cruel, n'est il point temps que ce lasche artifice
Permette à la raison de faire son office?
N'ay-ie assez enduré? sus tygre dis que non,
Pourueu qu'à tout le moins tu reprennes ton nom,
Pourueu qu'à tout le moins ie sçache qui t'oblige
A te dire estranger, mensonge qui m'afflige,
Et qui par sa rigueur dans les maux que ie sens
M'asseure de la mort ou de perdre le sens.

## LIDIAS.

Celuy qui court au mal & qui se le prouoque
Au lieu d'en estre plaint merite qu'on s'en moque.

## SILVIE.

Qui voit perir quelqu'vn sans luy tendre la main,
Le visage excepté n'a rien qui soit humain.

## LIDIAS.

Les Dieux qui sçauët tout sçauent que ma pensée
Ne tend qu'à vous tirer d'vne erreur insensée.

## SILVIE.

Ie n'eus iamais d'erreur qu'au malheureux instät
Où ie creus que le monde eust vn homme constant.

## LIDIAS.

Ie vous monstre assez clair dedans ma resistance
Que l'vniuers en a qui sont pleins de constance.

### SILVIE.
Tu ne parois constant qu'à me desobliger.
### LIDIAS.
Vous ne vous affligez qu'afin de m'affliger.
### SILVIE.
Vn sentiment d'amour acheueroit ma peine.
### LIDIAS.
Ie ne sçaurois pour vous auoir amour ny haine.
### SILVIE.
Ce mespris insolent est bien hors de propos.
### LIDIAS.
Mesprisez ce mespris pour vous mettre en repos.
### SILVIE.
Ie croy que tu nasquis d'vne roche marine.
### LIDIAS.
Ie nasquis pour n'aymer que la seule Amerine.
### SILVIE.
Ha traistre! est-ce l'objet de ta legereté?
### LIDIAS.
C'est l'vnique lien qui me tient arresté.
### SILVIE.
Quitte cette Amerine, & reprends ta Siluie.
### LIDIAS.
Auant que la quitter ie quitteray la vie.

## LIGDAMON

SILVIE.
Est-elle plus constante & plus belle que moy?
LIDIAS.
Elle est incomparable aussi bien que ma foy.
SILVIE.
Mais, ingrat Ligdamon, tu m'aimois la premiere.
LIDIAS.
Ie l'aimay dés le iour que ie veis la lumiere.
SILVIE.
Il ne te sert de rien de mentir desormais.
LIDIAS.
Madame, ie ne mens, ny ne mentis iamais.
SILVIE.
Il faut iusques au bout courir à mon dommage,
Or sus auecques moy retourne à Rothomage,
Et là si tu fais voir à mes yeux esbahis
Que tu sois Lidias, que ce soit ton païs,
Qu' Amerine s'accorde à deuenir ta femme, [me,
Chose impossible à croire à moins que d'estre infa-
Ie consens qu'espousez & comblez de plaisirs
Vostre Hymen donne fin à vos iustes desirs:
Mais si ta fourbe esclatte & paroist tout nuë,
Ie veux lors en quittant cette Dame inconnuë
Le ruisseau de mes pleurs d'oresnauant tary,

Qu'à l'instant Ligdamon devienne mon mary.
### LIDIAS.
Bien que les ennemis que i'ay dans la Neustrie
Me defendent l'entrée en ma chere patrie,
Pour vous defabufer ie reçois cet accord,
Songez donc à partir me menant à la mort.
### SILVIE.
Demain fans differer le Forest i'abandonne.
### LIDIAS.
Que de peine à tous deux mon vifage nous donne.

---

## SCENE TROISIESME.

IVGE I. IVGE II. IVGE III. PORTIER.
HERAVT. ÆGIDE. LIGDAMON.
AMERINE. LA MERE.

### IVGE I.
Assemblez aujourd'huy pour vuider vn procès,
Où la moindre douceur semble avoir de l'excés,
I'attefte cet efprit de qui la voix feconde
Fit treuver dans le rien la naiffance du monde,

F iiij

Et qui le tient encor' en suspens arresté,
Sans auoir autre appuy que de sa volonté,
Ce Dieu de qui la main toutes choses enserre,
Et qui fait de ses doigts des piuots à la terre,
Qui lit au fond du cœur, & voit l'intention,
Que ie n'apporte icy aucune passion,
Et que tenant en main & la mort & la vie,
La raison seulement en cet acte suiuie,
Inflexible à la hayne autant qu'à l'interest
La iustice elle mesme aura dicté l'arrest.

## IVGE II.

Illustres Senateurs, icy la prouidence
Du monarque des Cieux se met en euidence,
Icy nous connoissons que par certains ressorts
Sa force fait mouuoir nos esprits & nos corps,
Et nous troublans le sens nous ameine en victime
Sur l'autel où se doit expier nostre crime.
Les Dieux quand nos pechez meritent le trespas,
Ainsi que des chasseurs nous attendent au pas;
Et certes cette mort est horrible à la veuë,
Car elle estonne plus que moins elle est preueuë:
Le meschant va rodant auprés de son tombeau,
Comme le papillon à l'entour du flambeau,
Il se prend à la peine à si bon droict gaignée

Comme la mouche fait aux rets de l'araignée,
Il donne dans le piege, & s'enferre insensé
Comme fait le sanglier quand il se sent blessé,
Il est vray qu'en mourant au moins il se deliure
D'vn remors plus fâcheux que de cesser de viure.
Or ainsi Lidias qui trainoit ses liens,
Polu dedans le sang d'vn de nos citoyens,
Eschappé du peril par vne prompte fuitte,
Enfin se treuue pris sans aucune poursuitte,
Et dans le mesme temps que l'on n'y pensoit plus
Il vient à l'hameçon & s'empestre à la glus,
De sorte que la voix de ce souuerain estre
Par cet euenement nous fait bien reconnaistre
Que son intention nous oblige à punir
Celuy qui rompt les loix qu'il deuoit maintenir:
Le sang respandu crie, ô ! Senateurs augustes,
Que deuant estre bons nous deuons estre iustes,
Et la loy la plus droicte ordonnant œil pour œil,
Quiconque ouure vn tobeau doit entrer au cercueil

### IVGE III.

Les Romains Senateurs à qui la terre entiere
Pour exercer leurs bras fut trop peu de matiere,
Ce peuple qui iadis subjuga mille Roys,
Pour reprimer le vice ayant fait tant de loix,

N'en inuenta iamais contre le parricide,
Estimant qu'au lieu mesme où descendit Alcide,
Qu'aux enfers où les feux sont les moindres tour-
Ils y seroiët trop doux et trop peu vehemens [mens
Pour punir côme on doit cette faute inhumaine:
Maintenant ie me voy dedans la mesme peine,
Lidias doit mourir, il le faut condamner,
Mais, bons Dieux! le moyen qu'on puisse imaginer
Vn supplice assez grand pour punir son offence?
Sa fin d'Aronthe mort pourroit faire vengeance;
Mais le meschant encore est bien plus criminel,
Il a laué sa main dans le sang maternel,
Il a veu sa patrie en des larmes trempée,
Gemir dessous les coups de sa cruelle espée.
Le tygre à qui la rage auoit lors tout permis
Seul nous fit plus de mal que tous nos ennemis;
Et nous souffrons encor' l'execrable vipere
Qui treuue du plaisir en la mort de sa mere,
Et croit nous eschapper en déguisant son nom;
Venerable Senat, pour sauuer le renom
Qui iusqu'icy vous donne vn tiltre d'equitable,
Estouffez, estouffez ce monstre detestable,
Qui fait rougir le Ciel de l'auoir animé,
Et qui me rend blasmable en l'ayant peu blasmé.

#### IVGE I.
Mais quel est ce Heraut que le portier ameine?
#### HERAVT.
Peu de mots, escoutez, vous tireront de peine,
Celuy qui fait trembler mille peuples diuers,
Celuy qui doit vous vaincre auec tout l'vniuers;
Ce grand Roy Meroüée à ce iour me commande
De vous faire en son nom vne iuste demande,
Ligdamon vn guerrier qu'il aime auec raison
Estant par le combat dedans vostre prison,
L'oblige à vous offrir cent autres en sa place;
Resoluant là dessus despeschez moy de grace.
#### IVGE I.
Aucun de ce nom là ne se rencontre icy,
Trop bien vn imposteur qui se déguise ainsi,
Et que tu pourras voir souffrir la peine deuë
Si tu daignes tarder ta responsé entenduë.
#### HERAVT.
Ce refus insolent me force à t'aduertir
Qu'il traine à ton malheur vn tardif repentir.
Remarque le sommet de tant de tours superbes,
Et vois l'humilité des plus petites herbes,
Celuy que refusé tu dis estre menteur
Les fera bien tost voir d'vne mesme hauteur.

# LIGDAMON
### IVGE I.

Crache contre le Ciel aboyant à la Lune,
Tyran qui crois tenir esclaue la fortune,
Punissant vn peruers la Iustice aujourd'huy
En se mocquant de toy se vengera de luy:
Sus viste qu'on l'ameine afin qu'en sa personne
La rigueur prenne vn cours que la raison ordōne,
En laissant vn exemple aux siecles à venir,
Qui mette la frayeur dedans leur souuenir.

### IVGE II.

Que ce fier orgueilleux enflé de ses conquestes
Gronde comme la foudre & menace nos testes,
Que le bruit de son camp trouble nostre repos,
Le vent emportera ses friuoles propos;
Et quand bien on verroit vne ruine apperte,
Il ne faut tollérer vn mal crainte de perte,
Car celuy qui le fait est complice en ce point,
Qu'il connoit vne faute & ne la punit point.

### IVGE III.

Acheuons, acheuons, & quoy qu'il en succede
Que la frayeur en fin à la iustice cede,
Organes seulement cet arrest vient des Cieux,
Puisque le cœur d'vn Iuge est en la main des
Dieux.

## ET LIDIAS.

Mais i'apperçoy venir nostre infame rebelle.

### IVGE I.
Proche de receuoir la sentence mortelle,
Pour le iuste loyer de nous auoir trahis,
Et porté le tison pour brusler ton pays,
Resou toy de finir en homme de courage,
N'espere plus de calme en vn si grand orage,
Reprens au moins ton nom auecque le trespas.

### ÆGIDE.
O dieux! vous le croyez tout autre qu'il n'est pas.

### IVGE II.
Icy rends le respect qu'on doit à l'assistance,
Sur peine de causer au bout d'vne potence.

### IVGE III.
Toy que rien desormais ne sçauroit secourir
Ayant si mal vescu vueilles donc bien mourir.

### LIGDAMON.
Nourry dans le peril où l'hôneur nous embarque,
I'ay tousiours fait mestier de mespriser la Parque,
L'effroy de mille morts ne pourroit m'obliger
A ce change honteux dont on me vient charger;
Mais iusqu'icy iamais ie ne fus en Neustrie,
Ligdamon est mon nom, Seguse est ma patrie;
Au reste, lascheté ne me fit onc affront,

Si i'ay veu la frayeur c'est dessus vostre front,
Quand ce bras vous fauchoit au milieu des ba-
  tailles,
Et qu'il fut l'instrument de tant de funerailles,
Vous menant deuant luy côme on voit vn berger
Qui conduit son troupeau quand il veut desloger;
Fuyant espouuantez seulement de mon ombre
Ma valeur ne ceda qu'à la force du nombre,
Et si l'on me meurtrit, i'en ay pris ma raison,
Ie vous ay bien vendu ma mort & ma prison.

### IVGE I.

Le Senat assemblé pour punir ton offence
Veu tout ce qui pouuoit seruir à ta defence,
Pour le meurtre commis & les rebellions,
Te condamne à mourir dans le parc des lyons.

### ÆGIDE.

Iupiter endormy que fais-tu de ta foudre?
Souffres-tu ces peruers sans les broyer en poudre?
Endures-tu qu'ainsi l'on traitte vn innocent?
Va, ie ne te croy plus ny iuste ny puissant.

### LIGDAMON.

Ægide mon amy, par vn fort long vsage
Ie sçay voir le trespas sans changer de visage,
Et i'aurois vn esprit plus foible qu'vn roseau

S'il s'alloit estonner pour vn coup de ciseau;
Les Parques n'agissant qu'aux choses corporelles
Les belles actions demeurent immortelles:
Arreste donc ces pleurs, en suiuant mon conseil,
Puisque ie dois durer autant que le Soleil.
Vous Iuges abusez d'vne apparence fauce,
Faittes qu'vne priere equitable on exauce,
Que l'espée à la main du moins il soit permis
Que ie meure vengé des brutaux ennemis.

### IVGE I.

Pour le plaisir du peuple on donne à ta priere
D'entrer comme tu veux dedans cette barriere,
Viste qu'on le deschaisne afin de commencer
Vn combat que sa mort fera bien tost cesser.

### LIGDAMON.

Sur le point de respandre auec le sang mon ame
Ie sens croistre la force & l'ardeur de ma flame,
Mon amour embrasé fait ainsi qu'vn flambeau
Qui proche de sa fin esclaire & luit plus beau:
Cher Ægide, va t'en retreuuer ma maistresse,
Di luy que les lyons plus doux qu'vne tygresse
Sçachant bien que la mort me pouuoit secourir,
Depitié, non de rage, enfin m'ont fait mourir;
Di luy que sur l'instant de sortir de ce monde

Tu me vû adorer sa beauté sans seconde,
Dy luy que sans me plaindre on me vit expirer,
Dy luy que de respect ie n'osois soupirer,
Et que ie faisois gloire encor de mon martyre:
L'heure me presse, adieu, ie n'ay plus qu'à te dire,
Le Ciel recompensant ton seruice & ta foy
Te donne vn maistre riche & plus heureux que [moy.

ÆGIDE.

Adieu l'hôneur du monde & la gloire des armes,
Digne que l'vniuers pour toy se fonde en larmes,
Ha! qu'on peut bien grauer toy restant abattu
Dessus ta sepulture, Icy gist la vertu,
Puisse-tu receuoir aux plaines Elisées
Les douleurs qu'vne ingratte icy t'a refusées,
Puisse-tu de plaisir ton esprit assouuir,
Et moy bien tost auoir le bien de t'y seruir.

IVGE I.

O que les seruiteurs si fideles sont rares.

LIGDAMON.

Lyons trop paresseux, animaux peu barbares,
Changez vous de nature? & quoy! la cruauté
Pour m'estre plus cruels vous a-t'elle quitté?
Portez tôbeaux viuans où le sort veut que i'entre
De la griffe à la gueule, et de la gueule au ventre,

Ce miserable corps qui ne demande rien
Que la mort, qu'il estime estre vn souuerain bien:
Pourquoy n'est de mon cœur vostre faim assouuie?
Craignez vous d'effacer le portrait de Siluie?
Craignez vous d'approcher de cet object si doux?
Ou bien parce qu'elle est plus cruelle que vous?
Aduancez, aduancez, que rien ne vous effraye,
Effacez tous ses traits par vne grande playe,
Et mesprisez ce fer qui vous veut resister,
Car ie ne me defends que pour vous irriter.
Enfin cet animal moins sourd que ma rebelle
Soupire en rugissant, & vient quand on l'appelle
Fauorable ennemy perdant la forme en moy
Conserue la sustance & la valeur en toy.

### ÆGIDE.

Helas! le poil me dresse, ô l'horrible spectacle!
Le lyon deschainé n'a plus aucun obstacle,
Il commence à marcher à pas lents & comptez
Eslançant des regards qui brillent de clartez,
Herissant sa perruque & foüetant sa colere,
Il rugit & s'appreste au repas sanguinaire,
Il descouure sa griffe & ses dents à la fois,
Ha Dieux! ie pe    à veuë aussi bien que la voix.

G

## IVGE II.
Cet hôme en sa valeur me semble incomparable,
Il meritoit vn sort vn peu plus favorable,
Voyez comme au lyon il resiste vaillant,
Tantost en gauchissant, tantost en l'assaillant,
Côme il saute à quartier dont la beste est trompée,
Comme il sçait dextrement se couurir de l'espée,
Ioignant l'art à la force, & du bras & du cœur:
O Ciel! du lyon mort il demeure vainqueur.

## ÆGIDE.
strigons inhumains, appaisez vostre rage,
ites que ce combat ne dure dauantage,
t non pas l'estimer de discours superflus.

## IVGE I.
Nos arrests prononcez ne se reuocquent plus.

## LIGDAMON.
Deux à deux, trois à trois, ou bien de quatre à quatre,
Qu'on lasche les lyons afin de me combattre.
A quoy sert d'alonger la trame de celuy
Que l'on a resolu de meurtrir aujourd'huy?
En vn chemin fàcheux l'accourcir c'est me plaire,
Mais voicy le second dont la prunelle esclaire,
Autant que genereux vueilles toy monstrer fort.

ÆGIDE.
Ha! que ne suis-ie aueugle, ou que ne suis ie mort!
IVGE III.
Regardez ce lyon qui dans sa violence
Aussi viste qu'vn trait sur le guerrier s'eslance,
Voyez que de sa pate il l'accroche en passant:
Mais quoy desia le fer me paroist rougissant,
Le combat est finy, la beste tombe morte.
ÆGIDE.
Que tous les assassins meurent de mesme sorte.
LIGDAMON.
Peuple le plus cruel qu'on puisse iamais voir,
A celuy des lyons joignez vostre pouuoir,
Les armes à la main, venez si bon vous semble,
Femmes, enfans, soldats, & lyons tous ensemble:
Ce bras seul suffira pour creuser deuant soy
Vn sepulchre assez grand et pour vous et pour [moy.
AMERINE.
Senateurs arrestez; vn peu de patience,
Auant que d'acheuer qu'on me preste audience;
Ainsi puissent les Dieux exorables & doux
Vous dôner cent plaisirs pour vn donné par vous.
IVGE I.
Propose seulement ce que tu nous veux dire.

G ij

## LIGDAMON

### AMERINE.

La loy me concedant la liberté d'eslire
Pour mary si ie veux ce criminel icy,
Ie le viens demander, & dois l'auoir aussi.

### IVGE I.

Cette loy que tu dis par nos ayeuls gardée
Nous force à t'octroyer la chose demandée:
Qu'on le tire du parc, & qu'on l'ameine à nous.

### AMERINE.

Celestes, ie vous rends cent graces à genoux.

### LA MERE.

Cher fils, puis qu'à la fin ie voy qu'on te deliure,
Ie ne demande plus que de cesser de viure,
I'ay peur que ces plaisirs ne me soient trauersez.

### ÆGIDE. [xaucez.

Que ie vous dois de vœux grands Dieux qui m'e-

### LIGDAMON.

Auez vous inuenté quelque peine nouuelle?

### IVGE I.

Ouy, nous te condamnons d'espouser cette belle,
Qui te sauue la vie, en nous faisant bien voir
Que l'amour est vn Dieu d'vn extreme pouuoir.
Allez, viuez heureux, & qu'vn traittemẽt rude
Ne tache ton esprit d'aucune ingratitude,

Tu n'as pour conseruer l'ardeur de ton amour
Qu'à te resouuenir que tu luy dois le iour.
### LA MERE.
Approche, Lidias, que ta mere t'embrasse.
### AMERINE.
Quoy dōc, parmy mes feux vous paroissez de gla-[ce,
Cette froideur m'effraye, & me fait bien iuger
Que c'est perdre mon temps que de vous obliger.
### LIGDAMON.
Dans cet euenement où ie me sens confondre,
Ægide mon amy, que luy dois-je respondre?
### ÆGIDE.
Qu'immuable de foy vous la voulez aymer.
### LIGDAMON.
Helas! ie ne sçay pas seulement la nommer:
Madame à cette fois il faut que l'on pardonne
A celuy que la mort espouuentable estonne,
Et dont l'esprit venant du bord du monument
N'a pas la liberté de faire vn compliment.
### AMERINE.
L'excuse assez passable, & que mon cœur tollere,
Suffit pour appaiser qui n'est guere en colere;
Mais toutefois vn iour, desdaigneux, à loisir,
Croy que ie sçauray bien venger ce déplaisir.

G iij

ÆGIDE.
Auec mille baisers cueillis dessus sa bouche.
AMERINE.
En me laissant ce soin pense à ce qui te touche.
LA MERE.
Or sus, mes chers enfans, allons nous preparer
Pour vous ioindre d'vn nœud qui doit toujours du-
Allons nous en chez nous attēdre la iournée [rer,
Qui dans peu vous accouple au doux ioug d'Hy-
AMERINE. [menée.
O jour trop paresseux, que mon cœur t'attendrai
LIGDAMON.
Ha! pour viste qu'il soit, ma mort le preuiendra.

## ACTE CINQVIESME.

LIGDAMON. ÆGIDE.
SACRIFICATEVR. LA MERE.
AMERINE. LES PARENS.
SILVIE. LIDIAS. IVGE I.
IVGE II. IVGE III. LE MIRE.

## SCENE PREMIERE.

### LIGDAMON. ÆGIDE.

#### LIGDAMON.

AStres ingenieux, fortune trop subtile,
Contre qui mon secours est vn acte inutile,
Combien d'inuentions encores gardez vous
Pour darder sur mon chef la haine et le courroux?
Le tōneau des malheurs n'est il point vuide encore?
N'ay-ie pas espuisé la boiste de Pandore?

S'il vous reste vn moyen d'affliger vn mortel
Auant que ie m'en aille immoler sur l'autel,
Faites qu'au mesme instát il me viëne poursuiure,
Car aujourd'huy sás plus ie veux cesser de viure;
Et quand le destin mesme allongeroit mes iours,
Ce bras a resolu d'en retrancher le cours,
De souffrir ce tourment ie n'ay plus la science,
Il m'a rauy la force auec la patience,
Et des maux de l'enfer ayant l'extremité,
Ma mort en ostera la dure eternité.
Helas! qui vit iamais vne ame infortunée
Endurer tant de peine, & fust-elle damnée?
I'ay seruy fort long temps vne fiere beauté
Auec autant d'amour qu'elle a de cruauté,
I'ay pleuré, soupiré, prés de perdre la vie,
Sans pouuoir adoucir la rigueur de Siluie:
Et sçachant comme l'eau perce mesme vn rocher,
Mes yeux en ont versé trois ans sans s'estancher:
Mais en fin i'ay connu parmy cette auanture
Que le tygre & la femme ont la mesme nature,
Et que ce sexe ingrat ne sçauroit soupirer
Si ce n'est du regret de ne rien deuorer;
Mais quoy que sa rigueur me sëblast inhumaine,
L'absence toutesfois m'a donné plus de peine,

## ET LIDIAS. 105

Et m'a bien fait iuger qu'estre dedans les fers
Est le moindre tourmēt qu'on endure aux enfers,
Et que le vray supplice où sont ces miserables
Consiste à ne point voir les beautez adorables:
Mais pour moy i'ay par tout l'objet mon doux
 vainqueur,
Puisque l'amour a fait que ie le porte au cœur,
C'est là qu'il a graué le portrait de Siluie.
Ha! ie discours fort mal, la raison m'est rauie,
Il est vray que mon cœur conserue ses appas,
Mais ce cœur dōt ie parle, ô Dieux! ie ne l'ay pas,
La cruelle le garde afin que ie ne meure,
Car sçachant que c'est là que nostre ame demeure
Son œil larron subtil à dessein l'a rauy,
Afin qu'en ne mourant il soit tousiours seruy,
Et semble que le sort le conspire auec elle,       [le.
Car la parque pour moi n'est point assez mortel-
I'affronte le peril, ie morgue le danger,
Ie voy vingt mille bras qui veulent m'esgorger,
Mais auec autant d'heur comme i'ay de courage
Ie demeure viuant au milieu de leur rage:
L'on m'expose aux lyons que la faim pousse assez
Pour mettre cent viuans au rang des trespassez,
Et parmy ce hazard le destin me retire,

## LIGDAMON

En allongeant mes iours pour croistre mõ martyre,
Mais bien qu'elle n'ait fait iamais que me haïr,
Si suis-ie resolu de ne la pas trahir,
Et plustost qu'embrasser cette Dame abusée
Que ie vay rendre veufue aussi tost qu'espousée,
Assisté du secours d'vn homme suborné
Par le charme de l'or que ie luy ay donné,
Ie vay prendre la mort que ma constance ordonne
Dãs le vin de l'autel que sa main m'empoisonne,
Et rendre memorable en despit du malheur
Mon amour, & ma foy, ma mort, & ma valeur.
Mais silence, ie voy Ægide qui s'approche.

### ÆGIDE.

Tout le monde au logis est dessus le reproche,
On blasme le sujet qui vous retient icy,
Et de le penetrer chacun est en soucy;
Ie viens vous aduertir que cette compagnie
N'attend plus rien que vous pour la ceremonie.

### LIGDAMON.

As-tu perdu le sens? ne me cognois-tu point?
Iuges-tu mon esprit capable de ce point?
Ta bouche en cette affaire est-elle assez hardie
Pour me solliciter de double perfidie?
L'vne en trompant qui croit ses destins bien meil-
    leurs,

L'autre en rōpant la foy que i'ay promis ailleurs,
A genoux, insolent, & le regret en l'ame
Demande le pardon d'vn tort fait à Madame,
Demande le pardon, perfide suborneur,
D'vn infame conseil qui repugne à l'honneur,
Ha! premier que ma foy soit iamais violée
Le vallon viendra mont, la montagne vallée,
Le Soleil desreglé son ordre ira perdant,
Et fera voir l'Aurore où se voit l'Occident.
Ne m'en parle donc plus, mais plustost si tu m'ay-
 mes
Cherche & treuue vn remede à ces malheurs ex-
### ÆGIDE. [tremes.
Le remede d'vn mal qu'on ne peut euiter
Consiste à s'y resoudre & le bien supporter.
### LIGDAMON.
Ie ne veux de ce mal non plus que du remede.
### ÆGIDE.
Mais sçachez que le sort à qui l'vniuers cede,
Dont toute chose née obserue & suit les loix,
Ne vous a pas laissé la liberté du choix,
Et soit mal ou remede, en fin il faut le prendre.
### LIGDAMON.
Quoy! ce naud si meslé n'a-t'il point d'Alexādre?

## LIGDAMON

Ce labyrinthe icy d'où ie ne puis partir
N'a-t'il point de filet qui m'en puisse sortir?

### ÆGIDE.

L'esperance d'en voir vous est toute rauie.

### LIGDAMON.

Nullement, en couppant le filet de ma vie
Ie trancheray celuy de ses difficultez,
Dont mon cœur affligé souffre les cruautez,
Et suiuant iusqu'au bout cette trame fatale
La mort comme Thesée ouurira ce Dedale.

### ÆGIDE.

Et voulez vous mourir plustost que d'espouser
Vne fille qu'vn Dieu n'oseroit refuser?

### LIGDAMON.

Veux-tu qu'en s'abusant moy mesme ie l'abuse?

### ÆGIDE. [se,

Ie veux pour vous sauuer vous permettre vne ru-
Mais ruse qui resulte à son vtilité,
Voyant vostre merite & vostre qualité.

### LIGDAMON.

Que deuiendroit la foy si saintement iurée?

### ÆGIDE.

Cette foy ne doit pas estre consideree,
Vueillez sans vous fascher apprendre en peu de
mots

Qu'auiourd'huy la cõstance est la vertu des sots.
### LIGDAMON.
Tu reuiens au blaspheme, il vaut donc mieux se taire.
Or sus allons, Ægide, accõplir ce mystere,
Toy ne me quitte point, mais me suiuãt tousiours
Regarde, considere, entens tous mes discours,
Graue les dans l'esprit, & fais que ta memoire
Puisse fidelement en rapporter l'histoire,
Afin que des tourmens qu'on m'aura fait sentir
La cause en t'escoutant en ait du repentir.
### ÆGIDE.
Il se faudroit haster, l'heure est fort aduancée.
### LIGDAMON.
Allons donc acheuer vne œuure commencée.
### ÆGIDE.
Voicy nostre chemin, retournez sur vos pas,
### LIGDAMON.
Le chemin que ie cherche est celuy du trépas.

## SCENE DERNIERE.

SACRIFICATEVR. LA MERE.
LIGDAMON. AMERINE. ÆGIDE.
LES PARENS. SILVIE. LIDIAS.
IVGE I.   IVGE II.   IVGE III.
LE MIRE.

### SACRIFICATEVR.

Grands Dieux qui vous ioüez de l'Empire du monde
Ainsi que d'vne boule en sa figure ronde,
Helas! que vos secrets sont obscurs & profonds,
Et qu'il est malaisé d'y voir iusques au fonds,
Qu'ils sont biē au dessus de la prudēce humaine,
L'œil le plus clairvoyant y perd et temps et peine,
Car tous les accidens auant qu'estre aduenus
Coulent par des sentiers qui nous sont inconnus,
Semblables à de l'eau qui de loing fait sa course,
Et qu'on ne voit qu'au lieu qu'on appelle sa source;
Ou bien au trait volant qui n'est point apperceu
Qu'il n'ait frappé le blanc que l'archer a conceu.

## ET LIDIAS.

Que nous sommes trōpez souuēt par l'apparēce,
Tel gourmande la crainte auecques l'esperance
Au comble de la gloire, au plus haut du bonheur,
Qui du matin au soir perd la vie & l'honneur.
O Ciel! que tout est bien subiet à la fortune,
Tel l'aura tousiours euë aduerse & importune,
Qui mettant dans la fange apres son compagnon
Se voit dessus la rouë & choisi son mignon:
Mais si l'on peut tirer vne preuüe asseurée
Comme vn mal violent n'a iamais de durée,
Lidias eschappé nous en fournira bien,
Car dans le mesme tēps qu'il n'esperoit plus rien,
Et voyoit le trespas au bout de son espée,
Aduantageusement sa creance trompée,
Sa Dame le deliure, & le rendant heureux
Le couronne en ce iour de myrthes amoureux.
Ha! l'hōneur de ton sexe, ô la gloire des femmes!
Vien vien, que ma main face vne ame de deux [ames,
Vien vien donc receuoir le loyer merité
Par l'acte glorieux de ta fidelité,
Vien gouster le plaisir qu'vn doux Hymē apporte
De son temple sacré, ce Dieu t'ouure la porte,
Il a pris son flambeau, il n'attend plus que toy;
Les Graces, & Venus, & Cupidon, & moy;

Te preparons icy la recompense deuë
A la preuue d'amour que ton ame a renduë:
Auancez couple cher, car vostre mal cessé
Vous ordonne vn printemps apres l'hyuer passé;
Auancez couple cher, ma bouche vous conuie
De venir commencer vne plus douce vie,
Auancez couple cher, puis qu'à chaque moment
Vous retardez d'autant vostre contentement;
Auancez couple cher, l'occasion est chauue,
Et le temps qui s'enuole auec elle se sauue,
Ne le perdez donc pas, mais apres tant d'ennuis
Et tant de iours fâcheux goustez les douces nuits
Qui donnent aux espoux la rose sans espine.
Mais la troupe à la fin deuers moy s'achemine,
Ie voy ces deux amans que l'on conduit icy.

### LA MERE.

Toy qui peux tout lier & deslier aussi,
Ministre de nos Dieux, tableau de leur puissãce,
Estant dans le dessein de clorre l'alliance
De ces deux que tu vois, fais qu'vn nœud Gordien
Puisse serrer leurs cœurs & contenter le mien.

### SACRIFICATEVR.

Les Dieux qui peuuent tout auec vn iuste tiltre
Nous ont pourtant laissé le franc et libre arbitre,

Et dans

## ET LIDIAS.

*Et dans cette action où ie suis inuité*
*Il faut premierement sçauoir leur volonté,*
*Respondez, Lidias, voulez vous Amerine?*
### LIGDAMON.
*Ouy, Dieux! perfide mot, r'entre dans ma poitri-* [ne.
### SACRIFICATEVR.
*Voulez vous Lidias, Amerine, à mary?*
### AMERINE.
*Ouy, car rien que luy seul ie n'ay iamais chery.*
### SACRIFICATEVR.
*Or dessus cet aueu d'amitié reciproque*
*Qu'aucun empeschement legitime ne choque,*
*Ie vous côioints ensemble, et vous predrez de moy*
*Cet anneau qui tout rond est symbole de foy.*
*Puissent en euitant & riottes & pointes*
*Vos deux cœurs estre ioints comme vos mains sont*
  *iointes.*
*Reste que Lidias prenne & donne vn baiser*
*Qu' Amerine ne peut iustement refuser,*
*Et que la coupe sainte en vostre main remise*
*Vous beuuiez l'vn à l'autre apres la foy promise.*
### LIGDAMON.
*C'est vn faire le faut, Ægide apporte moy*

H

Ce qui va signaler mon courage & ma foy.
### ÆGIDE.
Tenez, Monsieur, voicy la coupe toute pleine.
### LIGDAMON.
Puissent les immortels reconnoistre ta peine.
Dieux!qui lisez aux cœurs, qui sçauez quel ie suis,
Et qui n'ignorez point l'estat de mes ennuis,
Qui connoissez le tort qu'on fait à ma personne,
Vueillez le pardonner comme ie le pardonne.
### AMERINE.
Icy nostre coustume & la loy d'amitié
Obligeoit vostre main d'en laisser la moitié.
### LIGDAMON.
Me preserue le Ciel d'vne faute pareille,
Le monde en vous perdãt perdroit vne merueille,
Et Lidias vn iour reuenant en ces lieux
Y mourroit de douleur n'y voyant plus vos yeux.
### AMERINE.
Ce discours ambigu me fait pâlir de crainte,
Au nom de nostre amour déuelopez sa feinte.
### LIGDAMON.
Ie le veux & le dois, escoutez ce propos
Qui nous met vous viuant & moy mort en repos:

Sachez donc que ie suis tout autre qu'on ne pense,
Si bien que cet abus de la foy me dispense,
Ne pouuant vous auoir sans double trahison,
Ma bouche a pris la mort en prenant du poison.
### LA MERE.
O Dieux! qu'ay-ie entendu; souftenez-moy, ie [pâme.
### ÆGIDE.
Terre entr'ouure tes flãcs pour engloutir mõ ame,
Voyant que par ma main il s'est empoisonné.
### SACRIFICATEVR.
Fuyons helas! fuyons vn temple profané.
### AMBRINE.
O tygre sans pitié, ha! monstre abominable,
Qui t'a fait conceuoir vn projet si damnable?
Las! si-tu voulois rõpre & fausser nostre amour,
Que ne me disois-tu de me priuer du iour?
Les Dieux me soient tesmoins que pour sauuer ta [vie
I'aurois par mon trépas assouuy ton enuie,
Ma fin t'auroit remis en cette liberté
Que te fait regretter ton infidelité,
Et ton crime amoindry ne seroit qu'homicide,
Au lieu qu'en te perdant tu fais vn parricide,
Qui dans l'amour que i'ay me tourmente plus fort

Que ne feroient cent morts iointes en vne mort.
### LIGDAMON. [treme
Vouliez vous que mon cœur par vne offence ex-
Allast confesser d'estre vn autre que soy mesme?
### AMERINE.
Veux tu par vn discours traistre, malicieux,
Abuser ma memoire & démentir mes yeux?
### LIGDAMON.
Nature quelquefois se ioue en ses ouurages,
Formât de mesmes traits deux differens visages.
### AMERINE.
Ha! le bon Philosophe, ô gloire des esprits!
Et depuis ton depart qui t'en a tant appris?
La fraude seulement fut ton maistre d'escole.
### LIGDAMON. [le?
Dessus quoy fondez vous cette erreur qui m'asso-
Comment peut on partir d'où l'on ne fut iamais?
### AMERINE.
Ingrat, rougis-tu point de mentir desormais?
### LIGDAMON.
Faictes que la raison à la fin vous regisse.
### AMERINE.
Toy fais premierement que ta dextre rougisse

ET LIDIAS.

Du plus fidelle sang que le Ciel ait connu;
Viste dépesche toy de voir mon cœur à nu,
Et si mon amitié parfaite me demeure
Que ton œil me r'anime afin que ie remeure.

### LIGDAMON.

A quoy bon ce discours? vous bastissez en l'air,
Lidias est absent, on ne luy peut parler.

### AMERINE.

Persiste-tu meschant à cette menterie?

### LIGDAMON.

Persistez vous tousiours en vostre resuerie?
Quel malheur est le mien dãs ces fascheux propos,
De ne pouuoir mourir seulement en repos,
La Parque m'ostera de cette tyrannie.

### AMERINE.

Tu crois donc par ta fin voir ta peine finie,
Ha! tu te trompes bien, ie vay par mon trépas
Dans le Cocite affreux accompagner tes pas,
Me pendre à tes costez, & t'estre inseparable,
Afin de pouuoir mieux t'affliger miserable,
Afin qu'en me voyant vn remors eternel
Tourmente incessamment ton esprit criminel.
Mais c'est trop discourir, sus d'vne main hardie

*Il faut mettre vne fin à noſtre tragedie.*
### LIGDAMON.
*Amis empeſchez la d'vn ſi mauuais deſſein.*
### AMERINE.
*Ce ſecours eſt tardif, i'ay la mort dans le ſein:*
*Et bien ta perfidie eſt-elle ſatisfaite?*
*N'as-tu pas obtenu ce que ton cœur ſouhaite?*
*Aſſeuré de ma perte ores va-t'en cherchant*
*Quelque contrepoiſon pour ſauuer vn meſchant.*
### LIGDAMON.
*I'atteſte derechef la ſupreme puiſſance*
*Que iamais ie ne fus de voſtre connoiſſance.*
### AMERINE.
*Ie ne te connois point? infidele mocqueur,*
*Sçache que i'ay gardé ton portrait dans le cœur,*
*Ouure moy l'eſtomach, tu verras ta peinture*
*Qu'Amour pour mō malheur ſçauāt en portrai-*
*Y graua tellement qu'il te fait apparoir* [ture
*Auſſi bien là dedans comme dans vn miroir:*
*Ie ne te connois point? tu veux dire peut-eſtre*
*Que chāgeant tous les iours on ne te peut cōneſtre;*
*Las! apprens à regler cet infame diſcours,*
*Ton viſage eſt conſtant, mais non pas tes amours.*

## LIGDAMON.

Abusée aujourd'huy des traits de mon visage,
Comme Pigmalion vous aimez vne image,
Image qui peut moins encor vous secourir,
Car la sienne eut la vie, & ie m'en vay mourir.

## AMERINE.

Image es-tu vray'ment faite du tronc d'vn arbre,
Dont la froideur dispute auec celle du marbre,
Insensible tableau qui nous est presenté
Pour monstrer la laideur de l'infidelité ;
Mais non, ie m'extrauague en ma douleur extre- [me,
Tu n'es point son portrait, car tu l'es elle mesme,
Et ta fin en ce iour oblige l'vniuers
Le deschargeant du faix d'vn monstre si peruers.

## LIGDAMON.

La mort dans peu de temps esclaircira ce doute,
Au moins si nos esprits prennent la mesme route.

## AMERINE.

Ne l'imaginés pas, les fideles amans
S'esloignent de celuy qui suit les changemens.

## LIGDAMON.

Trop de fidelité me va couster la vie,
I'en appelle à tesmoin le Ciel & ma Siluie.

## AMERINE.

Tygre dont le peché ne se peut trop blasmer,
Adore la dans l'ame, & sans me la nommer,
Ce nom me desespere autant comme il te touche.

## LIGDAMON.

Ce beau nom a passé de l'esprit à la bouche.

## AMERINE.

Et de là poursuiuant ton iniuste rancœur
Ce nom, ce fascheux nom m'a transpercé le cœur.
Helas! qui vit iamais auanture pareille,
Le poison par la bouche & la mort par l'oreille?

## LIGDAMON.

Ægide soustiens moy, le venin serpentant
Me rampe dans le cœur que ie sens palpitant,
La parole me manque, & ma force succombe,
Approche, couche moy, ie n'en puis plus, ie tombe.

## AMERINE.

Perfide arreste vn peu, desia prés de partir
Mon esprit n'attendoit que le tien pour sortir,
Mon œil appesanty ne te sçauroit plus suiure,
Et ne te voyant pas qu'ay-ie affaire de viure,
Puisque ie ne viuois sinon que pour te voir?
Las! de me soustenir ie n'ay plus le pouuoir.

## LIGDAMON.

Reua-t'en en Forests, Ægide, vers ma Dame,
Dis luy que dans ma cendre encor reuit la flame,
Et que pour ne fausser ce que i'auois iuré
Ie suis mort en martyr de son œil adoré.
Adieu, ne pleure point, asseure cette belle
Que mon dernier soupir n'est sorty que pour elle.

## AMERINE.

Puisque ie te voy mort, i'esprouue en mon trépas
Que mesme la douleur a par fois des appas.

## ÆGIDE. *uient pasle,*

Dieux! ils sont tous deux morts, leur couleur de-
Ces levres de corail se changent en opale,
La rose cede aux lys, & leurs traits effacez
N'ont plus que la beauté qui reste aux trépassez;
Ils sont sans mouuement, la chaleur diminuë,
L'ame a pris vne sente à nos yeux inconnuë,
Et ne nous a laissé qu'vn tronc sans sentiment,
Qui ne demande plus que le seul monument.
Amis, dans la foiblesse où la douleur m'engage
Faites que vostre main au besoin me soulage,
De ces trois corps priuez du celeste flambeau
Portons la mere au lit & ces deux au tombeau.

Mais pour faire sçauoir leur funeste auanture
Allons grauer ces mots dessus leur sepulture.

### EPITAPHE.

Cy gist qui prefera sa parole à sa vie,
Cy gist qui signala son amour du trépas,
L'vn aimoit vn rocher pésant aimer Siluie,
L'autre aimoit vn tableau qu'elle creut Li-
    Ainsi dans le mal qui les tuë     [dias.
    Ils sont semblables en ce trait,
    Que l'vn meurt pour vne statuë,
    L'autre finit pour vn portrait.

### LA MERE.

Qui redonne à mes yeux la lumiere importune?
Me veut-on faire viure apres mon infortune?
Helas! quittez amis, ce friuole dessein,
J'arracherois plustost le cœur hors de mon sein:
Où portez vous ce corps chef-d'œuure de nature?
Le croit-on mettre seul dedans la sepulture?
S'est-on imaginé que ie demeure icy?
Non non, vous vous trõpez, i'y veux entrer aussi.

### ÆGIDE.

Trop ingrate Siluie, ô fille inexorable,

Dont l'orgueil a causé ce malheur deplorable,
Puisse-tu receuoir pour loyer merité
Tout ce qui doit punir vne meschanceté,
La peste, le poison, le fer, la flame, & l'onde,
Que tous ces maux en vn t'arrachent de ce mon-
  de;
Ou bien pour mieux punir ton esprit criminel
Vy pour mourir tousiours d'vn remors eternel.
### LIDIAS.
Ce bruit confus m'estône & me force à me plain-
### SILVIE. [dre.
Moy qui n'espere riẽ, ie ne sçaurois rien craindre.
### ÆGIDE.
Quel prodige m'attaque & me vient estouffant?
### LA MERE.
Ha! ie tremble, ô! ie voy l'ame de mon enfant.
### LIDIAS.
Ton Amerine est morte, il faut que tu l'imites.
### SILVIE.
Ie reste comme vn fer entre deux calamites,
Qui ne sçait incertain de quel costé pancher.
### ÆGIDE.
Noir esprit des enfers, as-tu peur d'approcher?

Au sortir des rigueurs de l'eternelle flame [me?
Peux-tu biẽ craindre vn corps dõt tu possedes l'a-
Voy, tygresse, vn amant qui pour l'amour de toy
Vient de perdre la vie en conseruant sa foy:
Et vous qui la suiuez, chere ombre de mõ maistre,
Si parmy les viuans où ie vous voy paraistre
Vous auez quelque chose encor à demander,
Sçachez que vostre voix me peut tout cõmander.
### LIDIAS.
Destins impertinens qui me faites la guerre,
Que vous conduisez mal les choses de la terre,
Tout va dans le desordre en ce malheur recent,
Vous sauuez le coupable & perdez l'innocent:
Amerine mon cœur, mon vnique pensée,
Reuenez en l'estat où ie vous ay laissée,
C'est par où vostre amour ie desire esprouuer:
Non ne reuenez pas, ie m'en vay vous treuuer,
I'expire en ce soupir sur vos levres descloses,
Et laisse mon esprit dans ce tombeau de roses.
### SILVIE.
Ligdamon, Ligdamon, aujourd'huy ie dois voir
Si i'eus dessus vos sens vn absolu pouuoir,
Vous m'auez cent fois dit que la voix de Siluie

Pourroit vous rappeller de la mort à la vie,
Et que malgré le sort qui commāde aux humains
Vostre destin estoit enfermé dans mes mains;
Sus donc, cher Ligdamon, paroissez veritable.
Mais las! ce vain discours n'a rien de profitable,
Les effroyables lieux où vous faites sejour
Faciles à l'entrée n'ont iamais de retour.
Toy qui suiuis par tout sa fuite infortunée,
Fidele seruiteur, tranche ma destinée,
Venge ton maistre mort du mal qu'il a souffert,
Voy comme à ce dessein l'estomach t'est offert,
Ouure le d'vn poignard, & par tes iustes armes
Mesle vn fleuue de sang à celuy de mes larmes.
Mais pourquoy vers ton bras me voit-on recourir?
Le mien suffit-il point à me faire mourir?
Ouy ouy, cher Ligdamon, reçoy cette allegeance,
Que d'où vient ce malheur partira la vengeance,
utre bras que le mien. Mais ie sens que la mort
e prēd plus fauorable auecques moins d'effort.

### ÆGIDE.

e ne sçay que iuger d'vne telle auanture.

### LA MERE.

'esperance & la peur me donnent la torture.

### SACRIFICATEVR.

Ie l'ay veu, Messeigneurs, aualler le poison.

### IVGE I.

Que l'amour est vn mal qui trouble la raison.

### IVGE II.

Le plus fort iugement cede à cette manie.

### IVGE III.

Ouy, puisque c'est vn Dieu sa force est infinie.

### SACRIFICATEVR.

Iuste Ciel quel prodige! arrestez, Senateurs,
Ie doute si mes yeux ne sont point des menteurs.

### IVGE I.

Ie voy Lidias mort à costé d'Amerine.

### IVGE II.

Et ie le voy viuant, ou ie me l'imagine.

### IVGE III.

Vn tesmoignage tel ne se peut recuser,
Pere c'est vn demon qu'il faut exorciser.

### SACRIFICATEVR.

Esprit quel que tu sois, dont la forme est tirée
De matiere terrestre ou de substance aerée,
Au nom de Iupiter pour finir mon soucy,
Parle, responds, dis nous ce que tu fais icy.

## LIDIAS.

Pere vous vous trompez, ie ne suis qu'vn coupable
Qui souffre mille maux dedans vn corps palpable,
Ie suis ce Lidias qu'vn meurtre auoit banny,
Et ie vous le r'amene afin qu'il soit puny.

## ÆGIDE.

Et bien, Iuges cruels, vous disois-ie mensonge?

## LA MERE.

D'vn abysme profond en l'autre ie me plonge.

## SILVIE.

Qu'on me donne la mort, ie l'attends à genoux.

## IVGE I.

Mais que veut bien ce Mire accourât deuers nous?

## LE MIRE.

Illustres Senateurs, vous Pere venerable,
Ie viens vous faire voir vne chose admirable,
Car ie veux retirer ces amans du trépas.

## IVGE II.

Parle plus clairement, nous ne t'entendons pas.

## LE MIRE.

Sçachez que ce guerrier estant lassé de viure
Hier au soir seul à seul se mit à me poursuiure,
Me pressa de mesler du poison dans le vin

Que ie deuois fournir au seruice diuin,
Il ioignit des presens aux charmes de sa plainte,
Presens que i'acceptay pour colorer ma feinte,
Sçachāt bien qu'vn torrent que l'on veut arrester
Se doit vaincre en cedant au lieu de l'irriter:
Doncques ie luy promis l'effet de sa demāde,
Mais bien loing de cōmettre vne faute si grande,
Esperant que le Ciel luy seroit plus benin,
I'y mis de l'opium, & non pas du venin:
Vous le verrez des sens reprendre vn libre vsage,
Arrosant de cette eau l'vn & l'autre visage.

### IVGE I.

Ie confesse en ce point que ie manque de foy.

### IVGE II.

Cette merueille, amy, ne peut entrer chez moy.

### IVGE III.

Que ton nō seroit mis en vn haut point de gloire.

### SACRIFICATEVR.

Sans voir ce beau miracle on ne sçauroit le croire.

### SILVIE.

O Dieux! le sentiment reuient à Ligdamon,
Ie sens battre son cœur & mouuoir son poulmon,
Il commence desia d'entr'ouurir la paupiere.

Mon

## LIDIAS.
Mon astre pour encor me cache sa lumiere,
Mais l'Aurore en ce teint qui reparoist vermeil
M'asseure que bien tost nous verrons le Soleil.
## LA MERE.
Secourable Esculape, helas! ie suis rauie.
## ÆGIDE.
Ie dois à son secours le reste de ma vie.
## LE MIRE.
Ie suis aussi content comme vous resiouis.
## LIGDAMON.
Quel objet se presente à mes yeux esblouis?
Ie croyois que l'enfer fust couuert de tenebres,
Que l'on n'y rencontrast que des choses funebres,
Que ce fust vn seiour d'horreur & de tourment;
Et i'y voy l'allegresse en son propre element.
Pitoyable fantosme, objet digne d'enuie,
Qui n'auez rien d'egal que la belle Siluie,
Puisque vous tesmoignez me vouloir secourir,
Que ie me croy heureux de m'estre fait mourir.
## SILVIE.
Retirez vostre esprit hors d'vne erreur si forte,
Car vous estes viuant, & ie ne suis pas morte.

I

## LIGDAMON
#### LIGDAMON.
Le poison que i'ay pris m'esclaircit de ce point.
#### SILVIE.
Vous l'auez bien creu tel, mais ce n'en estoit point.
#### LIGDAMON.
Qui vous fairoit venir dedans cette contrée?
#### SILVIE.
Vn Dieu qui dãs mon cœur a sceu treuuer entrée.
#### LIGDAMON.
Dites moy donc comment, soulagez mon soucy.
#### SILVIE.
Ce discours se reserue en autre lieu qu'icy
#### AMERINE.
Grands iuges infernaux, si l'equité reside
En ce noir tribunal où Radamanth preside,
Condamnez ce meschant à brusler nuit & iour.
#### LIDIAS.
Ie suis assez bruslé des flammes de l'amour,
Voyez, belle Amerine, auec toute asseurance
Comme l'on s'est deceu dans vne ressemblance,
Souffrez que ie vous monstre, & sans me refuser,
Que les morts comme moy sçauent l'art de baiser.

## LIGDAMON.

Sauueur de quatre Amans, que voſtre tromperie
A ſagement conduit l'excés de ma furie,
Diſpoſez librement de mon foible pouuoir.

## LE MIRE.

I'ay pris ma recompenſe en faiſant mon deuoir.

## LA MERE.

Ie me iette à vos pieds, demy Dieux de ce monde,
I'implore pour mon fils vne grace ſeconde.

## AMERINE.

Et moy le cognoiſſant ie demande l'effcte
Du priuilege acquis & qui reſte imparfait.

## IVGE I.

En faueur de ce iour le meurtre ie pardonne.

## IVGE II.

Mon ſentiment va là.

## IVGE III.

Pour ma voix ie la donne.

## LA MERE.

Iuges, mille mercis.

## AMERINE.

Pour vn pardon ſi doux.

I ij

# LIGDAMON

LIDIAS.

Tout mon sang espargné se respandra pour vous.

IVGE 1.

Genereux Ligdamon, le Senat vous conjure
Excusant son erreur d'en oublier l'iniure,
Et pour la reparer en certaine façon
Vous & vostre Escuyer sortirez sans rançon.

LIGDAMON.

Ie promets ne garder dedans la fantaisie
Que le seul souuenir de vostre courtaisie.

SILVIE.

Vous m'auez obligé en l'ayant obligé.

ÆGIDE.

Ie suis aussi ioyeux que i'estois affligé.

LIDIAS.

Vous à qui mon visage a fait vn mal extreme,
Disposez de mon bien comme du vostre mesme.

LIGDAMON.

Semblables de la face & pareils de desir
I'aurois en vous seruant vn souuerain plaisir.

AMERINE.

La rougeur vous baisant me reproche mon vice.

## SILVIE.
Et ma foy vous promet vn eternel seruice.
## LA MERE.
Vous nous ferez l'honneur de prendre la maison.
## LIGDAMON.
Vous pouuez commander auec iuste raison.
## SACRIFICATEVR.
Allez combler vos cœurs d'allegresse infinie,
Mon pouuoir vous absout de la ceremonie,
Ie vous conioints tous quatre en cet heureux mo-
 ment,
Certain que vous donnez vostre consentement;
Allez noyer vos maux dans vn fleuue de ioye,
Le reste de vos iours soit deuidé de soye,
Que iamais la discorde à vos propres despens
Ne glisse en vostre couche aucun de ses serpens:
Mais pour eterniser vne si belle histoire,
Il faut dedans ce Temple offrir à la memoire
Vn marbre qui conserue auec la verité
Ce merueilleux succés à la posterité.

## FIN.

# AVTRES ŒVVRES DE MONSIEVR DESCVDERY,

A PARIS,
Chez FRANÇOIS TARGA, au premier
pilier de la grand' Salle du Palais,
deuant les Consultations.

M. DC. XXXI.
*Auec Priuilege du Roy.*

# ENCORE VN MOT D'AVIS.

JE te donne ce Meslange, pour diuertir ton esprit, aprés la lecture de ce Poëme de longue haleine. Si ie n'auois laissé mes papiers dans vne Prouince dont le malheur me defend l'entrée, ie t'aurois fait voir plus de bonnes choses ou plus de sottises: ie te laisse le iugement libre là dessus, & ne te prie d'excuser de fautes que celles de l'impression. Adieu.

# LA TEMPESTE

Apres que la Destinée
Eut ordonné de partir
A cette ame infortunée,
Qui meut le corps d'vn martyr;
Thirsis pour sortir du monde
Fut abandonner sur l'onde
Le plus ferme des Amants,
Et prit sans raison pour guide
L'element le plus perfide
De tous les quatre Elements.

Son œil d'où part vne source
　Capable de l'abismer,
　Ainsi que l'eau fait sa course
　Le conduisit à la Mer:
　Qui pour l'heure sans orage
　Auoit desguisé sa rage,
　Et masqué ses passions:
　Et sans parestre fachée,
　Elle portoit la nichée
　Des amoureux Alcions.

Assez proche de l'Auerne
　Boré dormoit sans souffler,
　A peine dans sa cauerne
　L'eust-on entendu ronfler:
　Zephire seul de la troupe
　S'en venoit baiser la Poupe
　Du Nauire dans le port,
　Et se ioüant à l'enseigne
　Dit au Nocher qu'il ne craigne,
　Parce que son frere dort.

# LA TEMPESTE.

Trompé de cette parole
   On leue l'ancre à l'instant,
Il semble que la Nef volle
Plus qu'elle ne va flottant:
Thirsis dans vn dueil extreme
Se sent separer soymesme
Pour suiure l'objet vainqueur:
Et le vaisseau qui l'emporte
N'a qu'vne personne morte,
Puis qu'il a laissé son cœur.

Il voudroit sur le riuage
   Voir ses os enseuelis,
Afin d'auoir l'auantage
De n'esloigner pas Philis:
Mais cette esperance est vaine,
Desia la terre lointaine
N'apparoit plus à ses yeux;
Quoy qu'il se tourne en arriere,
Rien ne s'offre à sa paupiere,
Si ce n'est l'onde & les Cieux.

*En mesme temps l'air se trouble,*
*Et se fait voir obscurcy,*
*Vn certain bruit se redouble*
*Dont le Nocher est transsy:*
*Le cordage s'entre-choque,*
*Et desia le vent se mocque*
*Du Pilote & du tymon,*
*Dont en vain la main s'efforce*
*De contre-quarrer la force*
*De ce volage Demon.*

*Iris courbe dans la nuë*
*Son arc bizarre en couleurs,*
*Dont la figure cornuë,*
*Ne presage que malheurs:*
*Et le Nautonnier remarque*
*Que le Dauphin suit sa barque*
*Par des cercles qu'il voit bien:*
*Ia le Nauire s'écarte,*
*Boussole, compas ny carte*
*Ne luy seruent plus de rien.*

# LA TEMPESTE.

hirsis n'ose en ces allarmes
De pleurs son mal soulager,
Craignant que l'eau de ses larmes
N'aidast à le submerger:
Et sçachant que d'ordinaire
Ce sont les vents en colere
Qui font la vague escumer,
Dans l'excés de cette peine
Il retenoit son haleine
De peur d'irriter la mer.

e Ciel est noir, l'onde est noire,
On ne se sçauroit plus voir,
Et l'air enflé de trop boire
Se creue, & met à pleuuoir:
Les voiles sont amenées,
Les cordes abandonnées
Se meslent confusément:
Les Mariniers en prieres
N'osent ouurir les paupieres
Pour ne voir leur monument.

Cent traits de flame ondoyante
  Semblent disputer entr'eux
  Auec la vague aboyante
  Ce Nauire desastreux:
  Et le Nocher qui s'estonne
  D'entendre que la mer tonne,
  Et de voir les Cieux mouillez,
  Croit que la Nature entiere
  Retourne en l'horreur premiere
  Des Elemens embrouillez.

Ces esclairs que le Ciel darde
  Chassent l'ombre de la nuit,
  L'œil effrayé les regarde
  Comme auant-coureurs du bruit:
  Aussi tost l'esclat de foudre
  Brise, rompt, & met en poudre
  Et Pilote & Gouuernal:
  Et ce fantasque Tonnerre
  Se plut à casser le verre
  Des vitres & du Fanal.

# LA TEMPESTE.

Alors les subiets d'Eole
   En abandonnant leurs fers
Portoient la Nef iusqu'au Pole,
   Et l'engouffroient aux Enfers:
Ils la heurtent, ils la bersent,
Faschez qu'ils ne la renuersent;
   Ils l'esleuerent si haut,
Qu'en cet accident funeste
Ia le Nauire celeste
   Se preparoit à l'assaut.

La Chiene de soif bruslée
   Qu'aux Cieux on voit esclairer,
Si l'eau n'eust esté sallée
   Eust pu se desalterer:
La Vierge craintiue & morne
Monta sur le Capricorne
   En fuyant de sa maison;
Et dans la vague importune
Le Mouton courut fortune
   A cause de sa thoison.

On vit au Ciel vne bresche
　　Par où l'immortel Archer
　　Aussi viste que sa fleche
　　Se darda, pour se cacher :
　　Et parmy ces violences
　　Dans les deux iustes Balances
　　L'on vit flotter les Iumeaux,
　　Qui durant cette auanture
　　Auoient la mesme posture
　　De la vigne, & des ormeaux.

L'inimitié naturelle
　　Du Taureau, & du Lyon
　　Finit auec la querelle
　　Du Cancre, & du Scorpion :
　　Ces quatre animaux ensemble
　　Dont le plus courageux tremble
　　A l'abord de ce vaisseau,
　　Craignant qu'il ne les escrase
　　Se mirent tous dans le vase
　　Qu'auoit quitté le Verseau.

*La*

# LA TEMPESTE.

La Mer s'esleue si fiere,
 Et s'enfle en tant de façons,
 Qu'au cercle de la lumiere
 On vit plus de deux Poissons:
 Dessus la vague hautaine
 Vne effroyable Baleine
 Vint s'embarrasser au mast,
 Mais vn foudre qui le coupe
 En pensant perdre la troupe
 Fit qu'elle ne s'abysmast.

L'on iette aux ondes rebelles
 Afin de se descharger,
 Coffres, licts, table, escabelles,
 Sans garder rien à manger:
 Lors la vague en fait parade;
 Et pour derniere algarade
 Les poussant contre vn escueil
 Herissé de mille poinctes,
 Chacun auec les mains ioinctes
 Crut aborder le cercueil.

K

## LA TEMPESTE.

Les Nochers sans esperance,
  Prennent vn espoir trompeur,
Et font naistre l'asseurance
  De leur excessiue peur:
Ils sortent tous de la Barque,
Pensant éuiter la Parque
  Par l'esquif, & l'auiron,
Mais d'vn coup, la mer trop forte,
Depuis leur Bateau les porte
  Iusqu'à celuy de Caron.

La Nef que le vent maistrise
  S'en va cependant heurter
Contre ce lieu qui mesprise
  La foudre de Iupiter:
Le choc esclatte, & l'oreille
N'oit point de rumeur pareille
  A ce fracas de vaisseaux,
Quand la fortune irritée
Se plaist à se voir portée
  Dans leur débris, sur les eaux.

Thirsis en cette auanture
  Plus ferme que le rocher,
  Se mit en main la peinture
  De l'objet qu'il a sicher:
  Et luy dit, Toy qui disposes
  A ton gré de toutes choses,
  Recule vn peu mon tombeau:
  Belle Reine de mon ame
  Ie veux mourir dans la flame,
  Sauue moy doncques de l'eau.

Dés qu'il monstra cette image
  Il vit esclaircir les Cieux,
  Qui pour voir ce beau visage
  Entr'ouurirent deux mille yeux:
  L'air deschira tous ses voiles,
  Il vit briller les estoiles
  Auecques des rayons d'or,
  Et la fin du mal certaine
  Luy fit voir dessus l'Antene
  Luire Polux & Castor.

Desia la mer se resserre
　En corrigeant son pouuoir,
　Et ne va plus en la terre
　Hors des bornes du deuoir :
　Son escume se dissipe,
　Et si l'onde s'émancipe
　De chocquer la Nef au bord,
　C'est tousiours de telle sorte
　Que ce mouuement la porte
　Loing du roc, & prés du port.

Tout est en profond silence
　Prés de ce diuin aspect,
　Le vent n'a point d'insolence
　Qui ne se change en respect :
　Sa fureur deuient discrette
　Par vne flamme secrette
　Qu'il allume en souspirant :
　Et lors que Neptune ordonne
　A ce vent, qu'il l'abandonne,
　Il ne part qu'en murmurant.

# LA TEMPESTE.

Ce portrait (que tout adore)
  Par l'esclat d'vn teint vermeil
  Ressembloit si bien l'Aurore
  Qu'il fit leuer le Soleil :
  Et cette belle Courriere
  Se voyant rester derriere,
  Sans aller voir son amy,
  En pleurant rouge de honte,
  Taschoit auecques ce conte
  D'esueiller son endormy.

Neptune dans son carrosse,
  Marche & galoppe deuant,
  Ne laissant pas vne bosse
  En tout ce chemin mouuant:
  Triton de sa trompe iouë,
  Glauque mene par la Prouë
  Cette Nef dessus les flots,
  Iusqu'où cet Amant desire.
  O le fortuné Nauire
  Où les Dieux sont Matelots!

# LA TEMPESTE.

En fin cette Barque arriue
   Aussi viste comme vn trait,
   Thirsis saute sur la riue,
   Et renferme son Portrait:
   Les Dieux marins se retirent,
   Mais en s'en allants ils dirent,
   Qu'ils aimeroient mieux aimer
   Cette incomparable fille,
   Que celle qu'vne coquille
   Fit naistre au bord de la Mer.

Belle Philis, dont les charmes
   Aussi puissans qu'ils sont doux,
   Ont fait mettre bas les armes
   Aux flots, amoureux de vous;
   Voyez dedans mon ouurage
   Le tableau de ce nauffrage
   Dont vous m'auez conserué:
   Pour payer ce bon office,
   Ie vous offre en sacrifice
   Ce que vous auez sauué.

# LA TEMPESTE.

*Mais apres cette merueille*
   *Que vous auez faite en moy,*
   *Ma Philis ie vous conseille*
   *D'en voir vne autre en ma foy:*
   *Recompensez ma constance,*
   *Car si vostre resistance*
   *Continuë à me fascher;*
   *Ie diray par tout le monde,*
   *Elle est moins douce que l'onde,*
   *Et plus dure qu'vn rocher.*

# L'ABSENCE.

Loing du doux objet de flamme,
Tous mes sens en rebellion,
Font qu'en approchant de Lyon
Ie porte le desir dans l'ame
De rencontrer, pour la fin de mon mal,
Non la ville, mais l'animal.

☙

Fourriere du iour, belle Aurore,
Qui ne parois rouge en ces lieux,
Que pour auoir veu les beaux yeux
De cette Nymphe que i'adore,
Chaque matin en pleurant de soucy,
Dis que i'en fais autant icy.

# L'ABSENCE.

Beau Soleil si tu me veux plaire
Tire la bride à tes Cheuaux,
Dis au sujet de mes trauaux
Qu'aussi tost que tu nous esclaire
La premiere eau que tes rais font seicher,
C'est mes yeux qui vont l'espancher.

Toy qui caches dessous tes voiles,
Le sommeil, pere du repos,
Silence, ennemy du propos,
Si Philis regarde aux Estoiles,
Qu'elle les conte, en tes plus sombres nuits,
C'est le nombre de mes ennuis.

Arbres où sans beaucoup de force
I'ay graué le nom du vainqueur,
Iurez luy que i'ay dans le cœur
Ce que vous auez sur l'escorce,
Mais mieux encor Amour l'a sceu tracer,
Car on ne sçauroit l'effacer.

# L'ABSENCE

Roch dont la pointe est dans la nuë,
Et le fondement aux enfers,
Si celle qui me tient aux fers
Craint que mon ardeur diminuë,
Proteste luy pour marque de ma foy,
Que ie suis plus ferme que toy.

Beau Parterre que la Nature
Couure de roses & de lys,
Asseurez vn peu ma Philis
Que vous auez veu sa peinture,
Et pour monstrer que ce discours n'est feint,
Dittes luy qu'elle à vostre teint.

Echo qui redis dans ces Roches
Les derniers accents de la voix,
Si ma Philis vient en ces bois
Parle premiere à ses approches,
Fais luy serment que durant mon sejour
Tu n'as raisonné que d'amour.

# L'ABSENCE.

*Fleuue qui vas cherchant ton estre,*
*Incertain d'où tu fus esclos,*
*Porte en Auignon sur tes flots*
*Mon esprit, mon cœur & ma lettre,*
*Lis le dessus, rends les, suiuant ce vers,*
   AV PLVS BEL OEIL DE L'VNIVERS.

*Bref Aurore, Soleil, Silence,*
*Arbres, Rocher, gentilles Fleurs,*
*Echo, Rosne enflé de mes pleurs,*
*Parlez, faittes vous violence,*
*C'est à vous seuls que ie monstre mes soins,*
   *Soyez en donc les seuls tesmoins.*

# LE MIROIR ENCHANTÉ.

Accablé de douleur, l'ame toute insensée,
Par vn chemin confus autant que sa pensée,
Le desastré Thirsis arriue au pied des Monts
Où la vieille Grasinde inuoque les Demons:
Les fantosmes volans, le Spectre espouuentable
Qui fait gemir les bois sous sa voix lamentable,
Ny le ris des Lutins, ne sceurent empescher
Ce malheureux Amant de grauir ce rocher:
Il s'engouffre à l'instant dans la gueule d'vn antre
Que la roche recelle au plus creux de son centre,
Et dedans ce sejour esloigné des humains
L'œil n'y seruant de rien il se guide des mains,
Iusqu'à tant qu'il rencontre vne Table voisine
Où brusloit auec peine vn flambeau de resine,
Dont la sombre clarté n'est propre que pour voir

## ENCHANTÉ. 157

es Larues que r'appelle vn magique sçauoir.
Là se voit vn monceau de mille herbes menuës,
ille boettes d'onguents, cent gômes inconnuës,
es plumes de hibou, des ceruelles de chats,
es serpens suffoquez dans des sales crachats,
es vases to⁹ rēplis des fleurs qu'ont les pucelles,
Quatre pots de cette eau qui sort par les aisselles,
Des images de cire, & du poil frais tondu
ur l'infortuné chef d'vn infame pendu:
a moitié d'vne estole, & du parchemin vierge,
Vn seau de graisse d'hôme, à composer vn cierge,
Dont la mèche se fait du cordeau dangereux
Qui dessus le gibet suffoque vn malheureux.
Apres, pour eschauffer les corps les plus arides
On voit douze boisseaux de mouches cantarides,
Et tous ces simples chauds où Medée accourut
Pour posseder Iason, & pour le mettre en rut.
Au coin de la Spelonque vn coffre sans serrure
Garde vn vieux hauberjon qui luy sert de paru-
Et là se voit encor auec vn grand rabat        [re;
Le balet sur lequel on la porte au Sabat.
A ces objets d'horreur Thirsis eut dedans l'ame
Des glaçons que la crainte adioustoit à sa flame;

Il pensa reculer, mais le mal qui le point
Le poussant en auant ne le luy permit point.
Dessus vn liure ouuert la Sorciere endormie
Comme vne ombre palpable & viue anatomie,
Se donnoit le repos, que sa meschanceté
Aux troupeaux innocens a mille fois osté;
Quand Thirsis l'obligea interrõpant son somme
De luy dire en fureur, Esprit sous forme d'homme
Qui t'a fait si hardy de sortir des Enfers
Sans le commandement qui peut rompre tes fers?
Ce Berger luy respond, Portiere de l'Auerne
Plust au Ciel que sans corps ie fusse en ta cauerne,
Afin que deschargé des os enseuelis
Mon esprit inuisible allast voir ma Philis,
Pour pouuoir estouffer ce ver de ialousie
Dont l'absence & l'amour rongent ma fantaisie;
Toy qui vois dans l'obscur de la suite des ans,
A qui ce qu'on fait loing sont des objets presens,
En te laissant flechir, soulageant ma destresse,
Fais que ie puisse voir ce que fait ma maistresse,
Et si ce que ie veux a trop de vanité
Punis apres l'effet cette temerité.
Lors Grasinde repart, l'œil rouge de colere,

Ton audace, insolent, va prendre son salaire,
L'estat de tes amours se va faire apparoir,
Consulte seulement ce fidele MIROIR.
A ces mots là Thirsis l'œil fixe & le corps ferme,
Immobile se plante aussi droit comme vn Terme,
Et voyant dans le verre vn tableau raccourcy,
Il le monstre du doigt, & parle seul ainsi.

O Ciel! ie connois ce riuage
 Couuert de roses & de lys,
Où rien n'est veu de plus sauuage
 Que le naturel de Philis.

Ie remarque dans cette Glace
 L'embusche du plus grand des Dieux;
En cette bien-heureuse place
 Mon cœur fut trahy par mes yeux.

Helas! ie voy dans ce bois sombre
 Philis la Reine des beautez,
Qui s'en vient cacher parmy l'ombre
 Son visage & ses cruautez.

Ie lis de la reiouyssance,
　Dessus son front remply d'appas;
　Comment Tygresse, cette absence
　Me tue, & ne vous touche pas?

Elle cherche en la solitude,
　Est-ce pour moy qu'elle à ce soing?
　Vn autre a son inquietude,
　Car elle sçait que ie suis loing.

Mais au penchant de cette roche
　Ie descouure quelqu'vn encor,
　Il vient vers elle, il s'en approche,
　Tout est perdu, c'est Alidor.

Elle commence à luy sousrire,
　Arreste Philis, ie te voy:
　Prends bien garde de ne rien dire
　Qui blesse mon cœur, ny ta foy.

Las! ie leur vois ouurir la bouche,
Mais l'oreille tombe en defaut;
C'est vne affaire qui me touche,
Traiſtres, perfides, parlez haut.

En approchant de l'infidelle
Alcidor a mauuais deſſein,
Il allonge la main vers elle,
O Dieux! il luy touche le ſein.

Que veut faire cette mauuaiſe
Fermant à demy ſes yeux doux?
Elle l'embraſſe, elle le baiſe,
Vn, deux, trois quatre, cinq, ſix coups.

Qu'il a cette conqueſte aisée,
Que le deſloyal eſt content;
Car à peine l'a-t'il baisée,
Qu'elle le rebaiſe à l'inſtant.

❧

À l'aide, au secours, l'indiscrete
 Souffre & permet à l'effronté
 Le bien d'vne faueur secrete
 Dont Thirsis n'a iamais gousté.

❧

Il languit d'aise, elle se pasme
 De ioye, & ie meurs de desir :
 Puissions nous tous trois rendre l'ame,
 Moy de douleur, vous de plaisir.

❧

La patience m'abandonne,
 Et cet objet m'est trop fatal ;
 Pour gagner ce qu'Amour te donne,
 Sors, perfide, de ce Cristal.

❧

Venez, traistres, changez de place,
 Vous n'estes pas bien là dedans,
 Car pour viure dans vne Glace
 Vous auez des feux trop ardans.

# ENCHANTÉ. 163

Sors du lieu qui te refugie,
 Viens monstrer au iour ton bonheur;
 Aussi bien malgré la Magie
 Ie te rauiray cet honneur.

Me deust vn esclat de tonnerre
 Reduire en poudre dans ce val,
 Cassant ce MIROIR contre terre
 Ie m'en vay deffaire vn riual.

Au briser de la Glace il vit finir les charmes,
Grasinde & les Demõs disparurent sans armes
Et son œil cherche en vain (lors qu'ils sont abolis)
Aux pieces du MIROIR le Portrait de Philis.

# L'HERMITAGE

Bien loing du commerce du monde
I'ay veu des objets si plaisans,
Que le séjour des Courtisans
N'a rien en soy qui les seconde:
L'Aurore en ses plus beaux habits
Y vient au sortir de la couche
Toute couuerte de rubis
Pleurer en faueur de la Mouche,
En faisant distiler du Ciel
De l'Eau, de la Manne & du Miel.

# L'HERMITAGE.

Le Soleil qui voit toutes choses,
 Et qui nous fait tout deſcouurir,
 Y vient de ſes rayons ouurir
 Les aimables boutons de roſes:
 Le vif eſclat de leur couleur
 Peut en abuſant les prunelles
 Y faire croire vne chaleur
 Qui ne ſe treuue point en elles,
 Car l'œil en les voyant, charmé,
 Les croit du charbon allumé.

Touſiours d'vn appareil ſuperbe
 La terre eſt pleine de Saphirs,
 Qu'on voit deſrober aux Zephirs
 Deſſus l'Eſmeraude de l'herbe:
 Mille ruiſſeaux à flots d'argent
 Semblent gager loing de leur ſource
 A qui ſera plus diligent
 D'arriuer au bout de la courſe,
 Pour pouuoir parler à Thetis
 Des beaux lieux dont ils ſont partis.

Ces ruisseaux ont l'onde si claire,
    Que comme ils ne sont pas profonds
    Vous les penetrez iusqu'au fonds,
    Où l'œil treuue de quoy s'y plaire;
    Iamais les stupides bouuiers
    N'en ont alteré la surface,
    L'eau gazoüille auec les grauiers,
    Cependant qu'vn flot l'autre chasse,
    L'vn rit, l'autre murmure fort,
    Parce qu'on le bannit du bord.

Cette onde entretient l'herbe fraische
    En venant la tige tremper,
    Herbe qu'on ne voit point couper,
    Ny secher pour mettre à la creche:
    L'esclat pompeux de tant de fleurs
    Monstre le pouuoir de Nature,
    Les papillons par leurs couleurs
    Y font admirer la peinture;
    Ces prez n'ayant point de sillons
    Où ne soient fleurs & papillons.

# L'HERMITAGE.

C'est là que l'art est inutile,
  Car sans luy la terre y produit
  Arbres, fueilles, & fleurs, & fruit,
  Qu'elle tire d'vn sein fertile:
  La colere des Aquilons
  En gastant toute la contrée,
  Sauue la plaine, & ces vallons,
  Comme vne demeure sacrée
  Où Flore prend ses passetemps
  Auec vn eternel Printemps.

Dedans cette terre innocente
  Où regne & reside la paix,
  L'on n'y peut rencontrer iamais
  Oyseau, ny beste rauissante:
  Vne douce tranquilité
  Fait que l'animal sans contrainte
  Y peut gouster la liberté
  Franche de surprise, & de crainte,
  Et chercher dans chaque element
  Ce qui sert à son aliment.

## L'HERMITAGE.

Sur tous les buissons de la plaine
   L'on oit en mille tons divers
   Que les chantres de l'vniuers
   Vont exercitant leur haleine:
   L'vn vous passe des roulements
   Qui sont d'vne suite infinie,
   L'autre de mignards tremblements
   Semble chatoüiller l'harmonie,
   Leurs chants au milieu du desert
   Composent vn iuste concert.

Dans le plus creux de la vallée
   S'endort vn Estang applany,
   Qui paroist par tout tant vny,
   Qu'on diroit qu'il a l'eau gelée:
   Ses poissons autant ignorants
   Qu'au premier iour de la Nature,
   Sautent de l'onde, où ie les rends
   Dans ma main, pour chercher pasture:
   Cent Grenoüilles au bord des eaux
   Branslant font bransler les roseaux.

# L'HERMITAGE.

On voit vne forest si sombre,
  Que la verdeur des Promenoirs
  Semble estre de fueillages noirs
  Tant elle est couuerte de l'ombre:
  L'asile de cette espoisseur
  Rend de craintif, le Cerf superbe,
  Si bien qu'en despit du Chasseur
  Il vient faire cent bonds sur l'herbe,
  Que le lapin broutte à loisir,
  Soulant sa faim, & son desir.

I'apperçoy des roches cornues
  De qui le chef audacieux
  Resiste aux coleres des Cieux,
  Et va du pair auec les nues:
  Du creux de ces concauitez
  Ie voy sortir vne fontaine
  Dont les flots sont precipitez
  Depuis l'antre iusqu'à la plaine,
  La cheute les fait escumer
  Auec plus de bruit que la mer.

Ie descouure parmy ces roches
La pointe d'vn petit clocher,
Qu'vn Hermite voudroit cacher
Afin d'euiter les approches:
Ie grimpe auec difficulté
Iusqu'au sommet de la montagne,
D'où ie voy la diuersité
Du bel esmail de la campagne,
Mes yeux me monstrant à la fois
Les fleuues, les prez, & les bois.

Beaucoup d'espines enlacées
Font vn petit iardin quarré,
Que ce pensif n'a bigarré
D'aucunes fleurs, que de Pensées:
Le Buis fait le compartiment
D'vn fort agreable Parterre,
Si net qu'on voit assurément
Que l'art y fait plus que la terre,
Il est tout plein de cœurs bruslez
Et de chiffres entre-meslez.

# L'HERMITAGE.

Dessous l'ombre du plus haut arbre
  Que nature ait iamais formé,
  Ie vis vn idole animé
  Que ie pensay croire de marbre:
Dessus l'herbe il estoit assis,
Immobile au mal qui le tuë,
Mais ie vy que c'estoit Thirsis
Que i'auois pris pour sa statuë,
Car il dit marchant à grand pas,
Ie veux Philis, ou le trespas.

Rauy dans l'objet qu'il contemple,
  Tout resuant, ses pas sont menez
  Où les Promenoirs sont bornez
  Des sacrez murs d'vn petit Temple:
Là, dans vne ouale de lys
Meslangez de roses vermeilles,
Le cher portrait de sa Philis
Accroit le nombre des merueilles,
Et sur l'autel voit chaque iour
Offrir vn cœur bruslé d'amour.

A l'abord de ce beau visage
  Vn genouil flechy pour salut
  Il commence à prendre son lut,
Dont il n'ignore pas l'vsage:
Mais deuant que hausser la voix,
Il l'adiuste touche apres touche,
Chaque cheuille sent ses doigts,
Et puis en entr'ouurant la bouche
  Auec vn soupir adoucy
  Il se met à chanter ainsi.

## CHANSON.

Simulachre remply d'vne grace infinie,
Ie crains biẽ que ma voix ne voꝰ déplaise for
Vous ressemblez Philis, haïssant l'harmonie,
  Comme elle n'aime point l'accord.

# L'HERMITAGE.

C'est en vain que mon lut s'esclate de tristesse,
Et que ma main tremblante augmēte ses frissons:
Puisque tout ce qu'il dit en sa delicatesse
  Ne passe que pour des chansons.

Apprenez, ma Philis, & soyez aduertie,
Que vostre esprit leger doit souffrir mon parler,
Car la voix n'est que vent, et vous par sympathie
  Ne deuez-vous pas cherir l'air?

Vous estes obligée (ô meurtriere de l'ame)
Malgré ma fermeté de m'estimer vn peu:
Et vous n'ignorez pas qu'en estant tout de flame,
  Rien n'est si leger que le feu.

Mais las! soit desormais l'esperance estouffée,
Puisque i'ay du trespas de si pressans tesmoins:
Les femmes autrefois firent mourir Orphée,
  Ie n'en dois pas attendre moins.

Alors son lut il abandonne,
   Le laissant au cloud suspendu,
   Mais du dernier son entendu,
   La grotte prochaine resonne:
   La Nymphe qui n'a point de corps,
   Et qui ne peut parler premiere,
   Alloit repeter ses accords
   Suivant sa forme coustumiere,
   Mais luy soupirant de soucy,
   La força de le faire aussi.

Damon, n'attends rien dauantage
   De la main d'vn de tes amis,
   Tu sçais que ie t'auois promis
   De me bastir vn HERMITAGE,
   Cet edifice est acheué
   Par le trauail de mon estude;
   Or si son ordre est appreuué,
   Fais luy perdre la solitude;
   I'entends qu'à toute heure, en tous lieux,
   L'on y puisse treuuer tes yeux.

# LE PRINTEMPS.
## A PHILIS.

L'Hyuer se voit en vos froideurs,
L'Esté se treuue en mes ardeurs,
Pour le Printemps, ie vous le donne;
Philis laissez vous vaincre à mes iustes raisons,
Et faisant l'An parfait en ses quatre saisons,
Donez à mō amour les doux fruits de l'Automne.

A La fin la neige est fonduë
Par le Soleil de mon amour,
La terre se farde en ce iour
Et reprend sa grace perduë:
Le mespris regne à la maison,
Les Promenoirs sont de saison,
Toutes choses paroissent belles;
Et le chesne n'estant plus nu
Porte dans le Ciel les nouuelles
Que le Printemps est reuenu.

L'astre qui de mon cœur dispose,
Bannit la froideur de ces lieux,
(Car cet œil, & celuy des Cieux,
Peuuent tous deux la mesme chose,)
Au seul regard qu'il a ietté
Le vent tout coy s'est arresté,
Le respect le force à se taire:
Son aspect dissout les glaçons,
Qui portent leur eau tributaire,
Dedans l'empire des Poissons.

Tout se pare, où Philis se treuue,
Voulant luy plaire à mes despens;
Il n'est pas iusqu'à des serpens
Qui ne prennent leur robe neuue:
Ayant appris pour mon malheur,
Comme le vert est la couleur
Qui plaist au plus bel œil de France,
Les monts, les prez s'en sont couuers,
Et les arbres par complaisance
Ont tous des habillemens vers.

Maintenant

# LE PRINTEMPS.

Maintenant on va voir l'Aurore
  Quitter plus matin son Tithon;
  Zephir fait enfler le teton
  A la fecondité de Flore:
  Ils s'embraffent cent coups diuers
  Afin de peindre l'Vniuers;
  L'Air ne nous liure plus la guerre,
  Ou s'il pleut, ce n'eft feulement
  Que pour faire voir à la terre
  Qu'il fçait baifer humidement.

Dés que leurs levres approchées
  Ont fait facrifice au plaifir,
  Tout auffi toft noftre defir
  A veu mille fleurs éfpanchées;
  La rofe a rougy fous nos pas,
  Le lys paflit en fes appas,
  Parce qu'ils fouffrent cette honte,
  Qu'en defpit de tout leur deffein
  Ma belle Philis les furmonte
  Et par fa bouche, & par fon fein.

                      M.

# LE PRINTEMPS.

L'eau dormant en son lit humide
   Fait ses eslans si lentement,
   Qu'on n'ose croire assurément
   Que ce soit vn miroir liquide:
   Les arbres à l'enuers plantez
   Sont peints dans ses flots argentez,
   Neantmoins nature discrette
   La fait par fois vn peu rider,
   Craignant que le Ciel ne s'arreste
   Trop long temps à la regarder.

Ma Philis dessus ce riuage
   Mirant ses yeux noirs abaissez,
   Les flots voudroient estre glacez
   Pour en conseruer mieux l'image:
   Et le Dieu de cet Element
   N'ose soupirer seulement
   Pour n'effacer cette peinture:
   Ses rayons si clairs & si beaux,
   En se mocquant de la nature
   Allument du feu dans les eaux.

Les flots peignent si bien ses tresses,
　Et tout ce visage adoré,
　Que mon œil restant esgaré,
　S'imagine auoir deux maistresses:
Ie voy là le mesme mespris
Dont Philis trouble mes esprits,
I'y remarque aussi ma souffrance,
Si bien que i'ay dans du cristal
Le portait de ma patience,
Et de cet œil qui m'est fatal.

Quelques cheuaux que la soif touche
　Allongeant le col sur ces bords,
　Voyant l'image de leur corps
　Qui s'approche contre leur bouche,
Se reculent espouuantez:
Des pigeons aux autres costez
Iettans dans ces flots la prunelle,
Abusez d'vn miroir si clair,
Croyant leur ombre vne femelle,
Ils y volent pour s'accoupler.

M ij

# LE PRINTEMPS.

Dans cette saison opportune,
   Ceux qui trafiquent sur la mer,
   Exempts de crainte d'abysmer,
   Suiuent les pas de la fortune:
   L'onde, & le vent les emportant,
   Ne les touche qu'en les flattant,
   Et singlant sans frayeur d'orage,
   L'insensible cours de cette eau
   Leur fait croire que le riuage
   Fait l'office de leur Batteau.

Celuy qui la teste premiere
   Se precipite pour pescher,
   S'eslançant du coing d'vn rocher,
   Va voir le fonds de la riuiere:
   L'onde reboüillonne en son flus,
   Le passage n'apparoist plus,
   Et l'œil de la troupe rauie,
   Recherche auec estonnement
   Où le chef de nostre Amphiuie
   Repercera cet Element.

# LE PRINTEMPS.

Luy cependant coulé sous l'onde,
  Fait si bien la guerre aux poissons,
  Que sans ligne & sans hameçons
Il leur fait voir vn autre monde:
Le voila desia dessus l'eau,
Chaque cheueu fait vn ruisseau,
Il respire & reprend haleine;
Et soufflant l'onde pour parler,
Il monstre le fruit de sa peine,
Haussant ses mains pleines en l'air.

Les pescheurs d'vne ret mouuante,
  Condamnent les autres à mort,
  Et deuers le solide bord
Tirent vne vague viuante:
Les poissons à terre tombez,
Font cent mille bonds recourbez,
En vain la riue les carresse,
Leur presentant vn tapis vert,
Si l'eau n'esueille leur paresse,
Ils meurent à gosier ouuert.

# LE PRINTEMPS.

Voyez cette espaisse ramée
  Où le Soleil n'entra iamais,
  Le silence y cherche le frais,
  Le sommeil y dresse vne armée
  De songes, qui viennent chercher
  Quiconque entreprend d'y coucher;
  Et la beauté de cette place
  Sçait si bien chatoüiller les sens,
  Que le plus triste qu'on y fasse
  Fait baiser les amants absens.

Voyez vn peu ces aduenuës,
  Si longues & droites par tout,
  Qu'il semble que ce soit le bout
  Du Globe que bornent les Nuës:
  Comme des soldats bien rangez,
  Cent mille arbres y sont logez,
  Dont le chef hautain & superbe,
  Ne regarde que par desdain
  La basse humilité de l'herbe,
  Qui se laisse fouller au Daim.

*Voyez* ces fils de l'artifice,
 Petits animaux piolez,
 Papillons comme moy bruslez
 D'vn inutile sacrifice:
 Ne diriez vous pas à les voir,
 Que nature a bien du pouuoir
 En cette saison Printemniere?
 Leurs couleurs se font admirer,
 Et dérobent à la paupiere
 Le moyen de rien desirer.

Oyez auprés de la verdure
 Deux mille oyseaux accompagnez,
 Musiciens non-enseignez,
 Qui ne chantent que par nature:
 La mignardise de leur son
 Fait rougir toute autre chanson,
 Ils peuuent d'vne voix hardie
 Dire en publiant leur valeur,
 Qu'il n'estoit point de melodie
 Alors qu'ils treuuerent la leur.

Où la forest est la plus sombre,
    Oyez la Sirene des bois,
    Le Rossignol, qui n'est que voix,
    Son corps faisant à peine vne ombre:
    Oyez cet Atome sonnant,
    Qui va tousiours s'entretenant
    De sa douleur accoustumée:
    Ce petit oyseau desolé,
    N'est plus qu'vne voix emplumée,
    Vn son volant, vn chant aislé.

Quelle chose delicieuse,
    D'ouyr tant de diuers accords,
    Qui ne partent, au lieu d'vn corps,
    Que d'vne plume harmonieuse:
    Il hausse, il baisse, il se soustient,
    Le mignard resueur s'entretient
    Du desplaisir qui le consume:
    Mais bien qu'il soit chantre sçauant,
    Sous vn leger habit de plume,
    Ce n'est rien qu'vn soufle viuant.

# LE PRINTEMPS.

En approchant de cette Grotte,
   Oyez dés que i'auray chanté,
   Comme dans sa concauité
   L'on me respondra notte à notte:
   Repercute fille de l'air,
   Tu sçais de qui ie veux parler,
   Nomme ma Philis insensible;
   Et te racontant mes amours,
   Fais nous vne image inuisible
   De ce triste & facheux discours.

Cybele grosse de semence,
   Guerit de sa pasle couleur,
   Le laboureur plein de douleur
   Ressuscite son esperance,
   Il voit que ce qu'il a semé
   Ne pourroit auoir mieux germé,
   Son cœur ioyeux outre mesure
   Adore ses champs frequentez,
   Qui luy rendent auec vsure
   Les grains que sa main a iettez.

Borée au fonds de la Scythie
   S'amuse à souffler à ses doigts,
   L'hirondelle occupe les toits
   Dont elle estoit iadis partie;
   Par des soins d'amour embrasez,
   Ses œufs sont metamorphosez,
   Et pour ne voir leurs funerailles
   Aux mains des enfans estourdis,
   Le sommet des hautes murailles
   Tient ses cabinets arrondis.

Ces petits oyseaux domestiques
   Qu'on ne domestique iamais,
   Pour bastir leur petit Palais
   Ont mille soins, mille pratiques:
   L'vn de son bec fait vn vaisseau
   Qui luy sert à porter de l'eau,
   L'autre qui l'ouurage seconde,
   Meslant les elements diuers,
   En bastit vne maison ronde,
   Sur l'exemple de l'Vniuers.

*Dieux! i'entends sous cet ombrage*
*Vn couple d'amoureux discrets,*
*Qui goustent des plaisirs secrets,*
*Et moy des visibles outrages:*
*Ces tourterelles que ie voy*
*Sont amoureuses comme moy,*
*La voix, le trémoussement d'aisles,*
*Tesmoigne l'ardeur qui les point,*
*Mais leurs flames sont mutuelles,*
*Et ma Philis ne m'aime point.*

*I'enrage à l'instant que ie pense*
*Qu'Amour peut tout ce qui luy plaist,*
*Et que la cruelle qu'elle est*
*Laisse mes soins sans recompense:*
*Desloyal, ie sçay que Psiché*
*Te tint autrefois attaché;*
*Helas! mon desplaisir extreme*
*Treuvera sa source aisément,*
*C'est que tu garde pour toy mesme*
*L'objet qui cause mon tourment.*

Monstre confus, enfant enorme,
 Fascheux trouble-repos des Dieux,
 Peux-tu bien sans auoir des yeux
 Iuger d'vne si belle forme?
 Aueugle, baille moy le doy,
 Touche le sein que i'apperçoy:
 Quoy! tu ne connois plus ta mere?
 Traistre tu ris de mon soucy,
 C'est que tu sens bien que Cythere
 Est moins belle que celle-cy.

Mais il semble que tu soupire,
 Malheureux, ne-sçauois-tu pas
 Qu'il faut souffrir mille trespas
 Dessous le ioug de son Empire?
 Et que ton immortalité
 Seroit vn supplice inuenté
 Pour eterniser l'humeur triste?
 Car d'vn mal qu'on ne peut guerir,
 Le seul remede n'en consiste
 Qu'à chercher bien tost à mourir.

# LE PRINTEMPS.

Voyons si nos forces vnies
  Pourroient vaincre nostre vainqueur,
Taschons de luy percer le cœur
Au milieu de ses tyrannies:
Darde tes traits sur ce rocher,
Et moy ie m'en vay le toucher
De mes yeux changez en fontaines;
Peut estre ce marbre emporté
Du destin, lassé de mes peines,
Pourra pancher de mon costé.

Helas! mere de l'allegresse,
  Esperance, retirez vous;
Laissez moy souffrir le courroux
D'vne ingratte, & belle maistresse;
Le feu d'où vient ma passion
Ne fait point de reflection,
Comme l'œil de la masse ronde
Est celuy qui me fait la loy,
Qui peut eschauffer tout le monde,
Et n'a point de chaleur en soy.

# LA FILLE BATVE.

Vi vit iamais vne infortune
Approchante de mon malheur?
Ie porte en l'ame vne douleur
Que tout choque, et tout importune,
Celle qui m'a fait naistre, & me doit secourir,
Trauaille à me faire mourir.

Lisis qui me tient enchantée
Est l'objet de tous ses plaisirs,
Et pour contenter ses desirs,
La marastre fait comme Althée,
Sous l'espoir d'assouuir son appetit brutal,
Elle esteint mon tison fatal.

Son âge chenu se rauale,
Et reçoit les loix d'vn enfant,
Qui glorieux & triomphant,
De ma mere a fait ma riuale;
Dieux! elle croit baiser, sur mon triste tombeau,
Vn qui pour nous deux est trop beau.

Tygresse, en vain tu te proposes
De vaincre Amour à coups de main,
Voy que ton souflet inhumain
Sur mon teint augmente les roses;
tque Lisis voyant ces marques d'amitié,
Ioindra l'amour à la pitié.

Que puissent tes mains criminelles
Tousiours mes cheueux arracher,
Et de mon sang dessus ma chair
Laisser des marques eternelles;
on visage à Lisis alors dira pour moy,
C'est ce que i'ay souffert pour toy.

## LA FILLE BATVE

Pense tu fascheuse ennemie
Que Lisis soit de ton gibier?
Vn homme qui n'est point Barbier
N'a pas besoin d'anatomie,
Et dessous les habits, qu'vn bonheur t'adonnez,
Tu n'as que des os descharnez.

Va, ie me ris de ce desordre,
Ie me mocque des accidents,
La vieille qui n'a point de dents
Peut bien crier, mais non pas mordre:
Tu fais comme les flots, que le rocher destruit,
Vn peu de baue, & quelque bruit.

Pourquoy prescher la retenue,
Sans auoir rien de retenu?
Ie te voy l'esprit aussi nu
Comme tu voudrois estre nuë
Entre les bras aimez, & les doux entretiens
Où tu pretends, & que ie tiens.

Mais

Mais c'est en vain, mere cruelle,
Que tu nous vas persecutant,
Mon Lisis est aussi content
Comme sa Clorinde est fidelle,
Et rien ne peut troubler les amoureux accords
Des ames qui changent de corps.

Quitte donc le soin inutile
De veiller sur nos actions,
Amour pour les inuentions
N'a pas l'esprit si peu fertile:
Tout aueugle qu'il est, il nous guide aujourd'huy,
Où nul ne voit non plus que luy.

C'est dans ce sejour du silence,
Que nos cœurs vnis, & contens,
Goustent dix mille passetems,
En despit de ta violence:
I'y baise doublement cet aimable Berger,
Par amour, & pour me venger.

# LA BELLE AFFLIGEE.

Ie croy que le sort a iuré
De m'estre tousiours plus funeste,
Et que tout l'espoir qui me reste
C'est de me voir desesperé :
Dieux! si ma fin doit borner vostre haine
Foudroyez moy sans fascher Dalimene.

Ie viuois parmy les plaisirs
Que la bonne fortune apporte,
Et mon cœur n'auoit point de porte
Pour la peur, ny pour les desirs :
Mais i'ay connu dans mes maux deplorables
Que les grands biens ne sont iamais durables.

# LA BELLE AFFLIGEE.

De tout ce qu'ont formé les Dieux,
Ie n'aime qu'vne chose vnique,
C'est pourquoy le Destin se pique
De la desrober à mes yeux:
Voyez vn peu sa malice enragée,
Pour m'affliger il la rend affligée.

Le traistre en ce dernier effort
A ma Dalimene a rauie
Celle dont elle tient la vie,
Afin de me donner la mort:
N'ignorant pas (veu mon ardeur extreme)
Que sa douleur reiallit sur moy-mesme.

Allons auec elle pleurer,
Mais la coustume me le nie,
O fascheuse ceremonie,
Et quoy, m'en croit-on separer?
On ne le peut, mon cœur le fer imite,
Suiuant par tout sa belle Calamite.

Helas! c'est bien auec raison,
Qu'elle cache au temps où nous sommes,
Son beau visage à tous les hommes,
Sous le crespe, & dans la maison:
Puis qu'il n'est rien qui merite la veuë
 Des raretez dont le Ciel l'a pourueuë.

L'Aurore en versant sur les fleurs
La fraischeur des Perles liquides,
N'eut iamais dans ses yeux humides
Tant de charmes, ny tant de pleurs:
Et dans ce sein que mon cœur idolastre
 Ie vy couler du cristal sur l'albastre.

Dans le dueil qu'elle eut en ce iour
Ses pleurs alloient baignant sa face,
Mais c'estoit de si bonne grace,
Qu'elle en augmenta mon amour:
Or remarquez ce que souffre mon ame,
 Si dans l'eau mesme elle treuue la flame.

# LE DESPIT.

A La fin ie me voy sorty
D'vne honteuse seruitude,
La raison reglant mon estude
Me fait suiure vn meilleur party:
Cette pompeuse Tragedie
Que ma docte main congedie
Afin d'obliger l'vniuers,
Fait voir (quoy que Cloris responde)
Qu'vn objet seul auoit mes vers,
Qui sont dignes de tout le monde.

L'excés de la legereté
 Qui porte son esprit au change,
Rend blasmable cette loüange
Dont ie chatoüillois sa beauté:
Ce qu'elle a d'aimable en la face
Ce n'est qu'vne fleur qui s'efface
Et se flaistrit en vn moment:
Et quoy que sa vanité dise,
Ie l'aimay par aueuglement,
Comme elle me hait par sotise.

Qu'elle mesprise les appas
 Qui pourroient charmer vne Reine,
Pour moy ie n'en suis point en peine,
C'est qu'elle ne les connoist pas:
Sa foiblesse luy sert d'excuse,
Et le haut stile de ma Muse
M'empeschera de la blasmer;
Sa vertu mesme est sa defence;
Il faut connoistre pour aimer,
Et ie passe sa connoissance.

# LE DESPIT.

Durant que par mes beaux escrits,
 Ie ne trauaillois qu'à sa gloire,
 L'ingrate en perdant la memoire,
 Payoit ce labeur de mespris:
 Et lors que ma plume immortelle
 S'efforçoit de la rendre telle,
 Elle augmentoit sa cruauté;
 Mais puis que mon cœur l'a quitte,
 Ostons luy l'immortalité,
 Qu'elle n'a iamais meritée.

Q'en sa place le repentir
 Tourmente incessamment son ame,
 Voyant qu'où fut iadis la flame,
 La glace n'en puisse partir:
 Ainsi vengé de ses outrages,
 Ie n'aimeray que mes ouurages,
 Dont rien n'esgale les douceurs;
 Et me mocquant de la cruelle,
 Ie possederay ces neuf Sœurs,
 Dont la moindre vaut bien plus qu'elle.

# LE DESPIT.

*Et pour ces vers si complaisans,*
*Où i'ay depeint cette Bergere*
*Aussi belle qu'elle est legere,*
*Pendant l'espace de trois ans;*
*Ie veux prier la Renommée,*
*Portant cette aimable famée,*
*De dire à la Posterité,*
*Que tous les traits de ma peinture*
*Ne sont qu'vne rare imposture*
*Sous vn masque de verité.*

# STANCES.

Ma franchise a mis bas les armes,
Et mon esprit est en prison;
Mais ma maistresse a tant de charmes,
Que la voir sans amour, c'est estre sans raison.

Le Ciel liberal l'a pourueuë
De ce qui captiue le mieux;
Aussi dés la premiere veuë [yeux.
L'Amour vint dans mon cœur en partant de ses

Mon ame se treuua surprise
Parmy l'enclos d'vn sacré lieu,
Car ce fut dedans vne Eglise
Où i'adoray Philis pensant adorer Dieu.

En idolatrant son visage,
Qu'on ne blasme mes passions,
Elle en est la viuante image,
Par le nombre infiny de ses perfections.

# STANCES.

Fasse le sort qu'elle s'incline
A me traitter sans cruauté,
Et qu'elle ait la bonté Diuine,
Comme on voit en son corps la Diuine beauté.

Mais si son œil d'vn trait farouche
Me defend de la rechercher,
La douleur n'ouurira ma bouche,
Que pour benir ma playe en adorant l'Archer.

Ie veux endurer, & me taire,
Priué d'espoir d'allegement;
Comme la flame elementaire,
La mienne durera, sans auoir d'aliment.

Que ses rigueurs me soient fatales,
Ie les souffriray desormais;
Sçachant que le feu des Vestales
Est vn brasier sacré, qui ne s'esteint iamais.

# STANCES
## SVR
## VN PORTRAIT.

Vn Peintre industrieux, pour contenter ma flame,
A mis dans ce crayon ce que ie porte en [l'ame,
Les traits, l'air, & le teint, il a bien sceu tracer:
Et moy tenant tousiours ces Beautez adorables,
Ie voy que ses couleurs sont fortes, & durables,
Puis que l'eau de mes pleurs n'a sceu les effacer.

Vnique reconfort de mon ame affligée,
Que non plus que ma foy ie ne voy point changée,
Peinture dont l'esclat a fait ternir le iour,
Ie crains de te brusler, ie ne t'oserois prendre,
Sçachant bien que le feu met le papier en cendre,
Et que ie ne suis rien que le feu de l'Amour.

## SVR VN PORTRAIT.

Il est vray que tu peux auoir vn priuilege
Capable d'empescher cet acte sacrilege,
Et d'arrester l'effet de mon extreme ardeur :
C'est qu'ayant de Philis l'incomparable face,
Tu peux auoir encor son naturel de glace,
Et te sauuer des feux opposant sa froideur.

O Dieux! qui vit iamais vn si parfait ouurage,
Ie voy dans le desdain qu'elle a sur le visage
La rigueur se mesler auecques ses appas :
I'apperçoy le mespris qu'a pour moy la cruelle,
Voyez si sa peinture est bien sourde comme elle,
I'ay beau la supplier, elle ne respond pas.

Or pour nous consoler d'vne foible esperance,
Tenons vn bien certain qui n'a point d'apparence,
Quiconque ne respond consent sans refuser ;
Ce silence fait voir que la pitié la touche :
Mais de peur d'vn refus, ie vay fermer sa bouche,
Ha! ma Philis, pardon, i'ay pensé te baiser.

# SVR VN PORTRAIT. 205

Ainsi dans le respect, dãs l'amour, dãs la crainte,
Le malheureux Thirsis alloit formant sa plainte,
Adorant le Portrait de l'objet son vainqueur:
Et malgré les soupirs qui coupoient sa parole,
Il dit encor ces mots à cette belle idole,
Tu n'es pas si bien là comme dedans mon cœur.

# ELEGIE,

## POVR ALCIDON.

Her objet de mon cœur, delice de mon ame,
Qui portez dans les yeux vne Sphere de flame,
Vous de qui la beauté pourroit fondre vn glaçon,
Qui ressemblez Venus sous l'habit d'vn garçon,
Estant si mal payé de vostre seruitude,
Que vous n'en receuez que de l'ingratitude,
Treuuez bon qu'en ces vers ie dise librement
Que qui n'aime Alcidon n'a point de iugement.
Si cette belle fille à qui les Destinées
Donnent les premiers feux de vos ieunes années
Remarquoit la grandeur de ce qu'elle a conquis,
Et sçauoit la valeur de ce thresor exquis,
Aussi tost son esprit atteint de repentance
Auroit autant d'amour comme il a d'inconstance,

# ELEGIE.

Et me deschargeroit du soin de la blasmer,
En cessant de haïr, & commençant d'aimer:
Elle verroit qu'en vous la puissante Nature
S'est depeinte elle mesme, admirant sa peinture:
Elle verroit qu'en vous la main des Dieux à mis
Ce qu'elle ne depart qu'à ses plus chers amis,
Et qu'auprés des apas dōt vostre ame est pourueuē
L'on se treuue sās cœur si l'on n'est point sās veuē:
Car ie ne sçache rien qu'ils ne puissent toucher,
Si ce n'est Isabelle, ou quelque autre rocher.
La richesse de l'or que le Soleil estale
Au point qu'il vient ouurir la porte Orientale,
Les perles que l'Aurore espand au lieu de pleurs,
L'esclat du bel esmail dont se parent les fleurs,
L'ambre ny le coral n'ont rien de comparable
Au moindre des attraits qui vous font adorable.
Et cependant l'ingrate, à qui vostre amitié
Donne tant de beauté, pour vn peu de pitié,
La quitte, la refuse, auec vostre seruice,
Faisant vne vertu de ce qui n'est qu'vn vice:
Elle oublie Alcidon, & l'ose publier,
Bien que le mesme oubly ne le peust oublier.

Et puis vous souffrirez sans haine & sans colere,
Que de vos longs trauaux vn autre ait le salaire?
Vous aimerez encor, & ne pourrez haïr
Ce Polipe inconstant qui vous peut bien trahir?
O Dieux! brisez vos fers, & faites que l'orage
Emporte vostre amour, & non vostre courage;
Moquez vous d'Isabelle, & ne regrettez pas
L'œil de ce basilic qui donne le trespas:
Ou bien vous conformant auec cette Bergere,
Soyez aussi leger qu'elle vous est legere;
Mais encor vous serez hors de comparaison,
Car son change est caprice, & le vostre raison.
Mais c'est sans iugemẽt que ie parle en ces termes,
Ses resolutions n'ont esté que trop fermes,
Et dans l'humeur fascheuse où ie la voy ranger
Ie ne la blasme en fin que de ne pas changer.
Or de quelques couleurs qu'vn reste de manie
Represente à vos sens vne grace infinie,
Tenez pour resolu l'indubitable point,
Qu'on ne doit pas aimer l'objet qui n'aime point.
Ie suis mille degrez dessous vostre merite,
Mais quand Philis auroit le corps d'vne Carite,
Le visage

# ELEGIE.

Le visage d'vn Ange, & l'esprit d'Alcidon,
Me donnant, ie voudrois vn reciproque don,
Et si ie ne regnois vnique en ses pensés,
Ie mettrois mon amour dans les choses passées.
Que me sert vn thresor, quand il m'est defendu
D'en tirer le secours que i'auois attendu?
Toutes ces mines d'or, toutes ces Pierres rares,
Que le Soleil congele en des Climats barbares,
D'vn seul foible desir ne sçauroiët m'esmouuoir,
Parce que ie sçay bien qu'on ne les peut auoir.
Quittez donc, cher amy, cette poursuite vaine,
Et soyez glorieux, puis qu'Isabelle est vaine,
Mesprisez son mespris, & peut estre qu'vn iour
Vous benirez celuy qu'elle fut sans amour.
Car apres les ardeurs de la premiere année
Où l'homme s'embarrasse en vn sot Hymenée,
Les heures sans douceur commencent de couler,
L'abondance desgouste à force de souler,
Cette facilité qu'on treuue dans sa couche
Esmousse l'appetit, & repugne à la bouche;
L'Amour est vn voleur qui se plaist au larcin;
Il vaut mieux qu'vn refus soit vostre Medecin,

Q

## ELEGIE.

Et guerir par despit que par la iouïssance:
Vostre ame à tout le moins reste en vostre puissan-
Vous pouuez disposer de tous vos sentimens, [ce,
Vous n'auez point d'Argus en vos côtentemens;
Toute chose est tranquile en vostre fantaisie,
Vous viuez sans ialouse, & sans la ialousie,
Au lieu qu'en ce lien, supplice de damnez,
Il vous faut embrasser des vieux os descharnez,
Car on change à la fin dedans ce ioug infame
Vne belle maistresse en vne laide femme:
Triste metamorphose, où parmy des remors
Naissēt mille douleurs de quelques plaisirs morts.
Côme vn Nocher sauué des fureurs de Neptune,
Payez, cher Alcidon, des vœux à la fortune,
Le Ciel qui vous cherit ne veut point consentir
Que vous ayez vn bien suiuy d'vn repentir.
Malgré les raretez que possede Isabelle,
Le temps luy rauira la qualité de belle,
Et vous verrez perir les celestes accords
Des charmes de l'esprit, & des graces du corps,
Ce gourmand affamé deuorant toutes choses:
Puis qu'il ronge du fer, peut bien māger des roses:

## ELEGIE.

Que doit-il esperer ses appas triomphans,
S'il ne pardonne point à ses propres enfans?
Non, non, asseurez vous qu'Isabelle se flatte,
Son visage accomply qui n'a rien qui n'esclatte,
En perdant ses attraits par la rigueur des ans,
Deuiendra le rebut de tous les Courtisans,
Et lors que la vieillesse en aura fait sa proye,
Qu'on verra sur son front les reliques de Troye,
Qu'elle sera contrainte en cette nouueauté
De chercher sous les fards vne fausse beauté,
Si elle veut r'entrer dedans vostre memoire,
Pour fouler son orgueil, & rabatre sa gloire,
Dittes luy ce beau vers, qui porte le trespas,
Masque, pardonnez moy, ie ne vous connois pas.

# STANCES.

Demons d'auarice, & d'enuie,
Faut-il qu'on trauerse ma vie,
Sans que i'ose me secourir?
Et qu'vn arrest fatal, qui m'oblige à le suiure,
(Ennemis coniurez) vous permette de viure,
Et defende à mon bras de me faire mourir?

Quand vos corps seroient impassibles,
Toutes choses estant possibles
Aux coups d'vn Amant irrité;
Ma dextre au mesme instãt, à vous vaincre occu-[spée
Feroit voir vostre mort au bout de mon espée,
Et fouleroit aux pieds vostre temerité.

# STANCES.

Mais celle qui regit mon ame,
Et dont le bel œil tout de flame
S'aquiert le titre de vainqueur,
Accourant à son mal par vne erreur extreme,
Vous sauue du danger & s'y iette elle mesme,
En m'attachant la main, aussi bien que le cœur.

I'ay veu cette pauure affligée
Dans vne beauté negligée,
Peindre les marques de son dueil;
Et par sa non-chalance, encor pleine d'amorce,
Me dire auec les yeux, comme vne iniuste force
La porte dans la couche, & moy dans le cercueil.

Cruel tyran, pere barbare,
Puis qu'enfin ton esprit auare
Iure son trespas & le mien;
Songe à ce que tu fais, auant qu'elle perisse;
Et sinon par clemence, au moins par auarice,
Conserue ce thresor qui vaut plus que ton bien.

## STANCES.

Et toy mere defnaturée,
Peux-tu bien la voir efpleurée,
Sans nul fentiment de pitié?
Peux-tu bien te refoudre à prolonger fa peine
Et treuuer dans l'amour vne caufe de haine,
Qui vainque la nature, & force l'amitié?

Mais à qui fay-je ce reproche?
A des cœurs de bronze, ou de roche,
Que maiftrife vn defir brutal;
Et qui bruflant pour l'or, dont leur ame eft char-  [mée
Sont defia transformez en la matiere aimée;
Infenfibles aux pleurs autant que ce metal.

Et vous Philis dont la conftance
A fait fi peu de refiftance
Au premier affaut du malheur;
Si voftre belle bouche eft ouuerte au pariure,
Ie ne fouhaite rien pour punir cette iniure,
Sinon que vous fentiez iufqu'où va ma douleur.

# STANCES.

S'il est vray qu' Amour vous possede,
Comment souffrez vous qu'vn Dieu cede
   Aux iniques loix du respect?
Qu'vn dessein eternel deuienne perissable,
Et que tant de sermens soient escrits sur le sable;
Ha! que le temps present rend le passé suspect.

En vain prouuant vostre innocence,
Vos yeux se donnent la licence
   D'aigrir vos parens par des pleurs;
Cette eau pour me guerir n'a point assez de charmes;
Ainsi le Crocodile abuse par des larmes,
Ainsi le Basilic se cache sous des fleurs.

Apprenez moy ie vous supplie,
Comme de tristesse remplie,
   Vous pourrez vaquer aux plaisirs?
Et sentir qu'vn mary d'vne main indiscrette,
S'emancipe en des lieux de volupté secrette,
D'où ie n'osay iamais approcher mes desirs.

## STANCES.

Les perles, le coral, les roses,
Et bref toutes ces rares choses,
Dont vostre beau corps est formé,
Pourront elles souffrir qu'vn inconnu les dompte?
Et cachant d'vn rideau vostre crime et la honte,
Croyez vous que le lict puisse estre assez fermé?

Non, non, la nuit n'est pas si noire
Que l'acte qui ternit la gloire
De vos plus belles actions:
Et si vous ne payez ma longue seruitude,
Le vice le plus bas estant l'ingratitude,
Ce defaut obscurcit mille perfections.

Sçachez que pour mon allegeance
Le Ciel prepare vne vengeance,
Dont vous ne pouuez eschapper,
Vostre perte depend de ce triste Hymenée;
En presence du Ciel la foy me fut donnée,
Ce tesmoin a trop d'yeux, on ne le peut tromper.

## STANCES.

Puisse bien tost la ialousie
S'emparer de la fantaisie
De celuy qui m'est preferé:
Qu'il exerce sur vous toute sorte de rage,
Et que vous connoissiez au milieu de l'orage,
Qu'vn joug est moins leger, lors qu'il est plus dort.

Mais la colere me transporte,
Le desespoir ouurant la porte
A ce iuste ressentiment;
Philis ie m'en repens ; A dieu, viuez contente,
Pourueu qu'estant priué de toute mon attente,
Ie treuue dans ma fin celle de mon tourment.

# STANCES.

J'Auois iuré de n'estre plus sensible
  Aux atteintes d'Amour,
Mais i'ay connu qu'vn serment impossi-
  Ne peut durer vn iour:  [ble
Mais si mon cœur s'est remis dans la flame,
  Il fait par iugement
  Ce que l'aueuglement
  Fit en mon ame.

Ie quitte Iris plus legere & changeante
  Que l'onde, & que le vent,
Et prends Philis dont l'humeur obligeante
  Me charme en la seruant:
Et si mon cœur s'est remis dans la flame,
  Il fait par iugement
  Ce que l'aueuglement
  Fit en mon ame.

# STANCES.

Iris estoit vne beauté passée
  Par la longueur du temps,
Mais l'autre objet que i'ay dans la pensée
  Est encor au Printemps:
Et si mon cœur s'est remis dans la flame,
   Il fait par iugement
   Ce que l'aueuglement
   Fit en mon ame.

Soit que Philis me flatte, ou se courrouce,
  Tout me contente mieux;
Et dans mon mal, ie la treuue aussi douce
  De l'esprit que des yeux,
Or si mon cœur s'est remis dans la flame,
   Il fait par iugement
   Ce que l'aueuglement
   Fit en mon ame.

Cet Vniuers a de tres-belles choses,
  Mais tout cede à Philis;
Son teint vermeil a fait paslir les roses,
  Son sein rougit les lis:
Donc si mon cœur s'est remis dans la flame,
   Il fait par iugement
   Ce que l'aueuglement
   Fit en mon ame.

# LE POLTRON.

JE veux de la patte d'vn lieure
Que la peur tient toufiours en fieure
Deſſus la peau d'vn harlequin
Tracer le portrait d'vn coquin,
Le plus laſche & le plus infame
Qui ſoit entre les naiſ de femme.
Il me faut broyer mes couleurs
Sur la face de ces voleurs,
Que la peur au branſle d'vn arbre
Rend aſſez froids, pour eſtre marbre:
Mais pour enfanter le deſſein
Que i'en conçoy dedans le ſein,
Arriere la Muſe hardie
Dont i'anime la Tragedie,
Et loing cette mignarde auſſi
Dont ie peins l'amoureux ſoucy;

## LE POLTRON.

Que l'vn & l'autre se retire;
Seule reste icy la Satyre,
Dont le visage enfariné
Maintenant que i'ay bien disné,
Entretiendra ma resuerie
D'vn conte de poltronnerie.
　Le synge qui voit vn baston,
La perdrix oyant le faucon,
Le lapin prés d'vn chien de chasse,
L'homme qui marche sur la glace,
Le Capitan des Comediens,
La troupe des chats & des chiens
Oyant la sonnette voisine
Du foüet qu'on tient à la cuisine,
Le voyageur sans de l'argent,
Le debteur grippé d'vn Sergent,
Tesmoignent tous plus de courage
Que cet illustre personnage.
Au simple tableau d'vn combat,
Le cœur luy palpite & luy bat,
D'vne mesure plus soudaine
Qu'en tremblant la fieure quartaine.

Pour y faire aller ce Cocu,
Il le faut pousser par le cu,
Comme vn valet qui nous desbote;
Vn crocheteur auec sa hote,
Ou le gouteux inueteré,
Marchent d'vn pas plus asseuré.
Il marche pian pian, & sans parole,
Con la grauidad Espagnole.
Mais vient-il quelque changemetn,
Faut-il tourner le fourniment,
Prompt comme vn valet de tauerne,
Dispos comme vn chat que l'on berne,
Leger comme vn escu rongné,
Il croit auoir assez gagné
En se sauuant, & tout allaigre
Il va du pied comme vn chat maigre.
Vne nuit que les ennemis
Resueillerent les endormis,
Cet incomparable gendarme
Estourdy du bruit de l'allarme,
Cacha la frayeur qui le prit
Dans le berceau de I. . . . . st;

# LE POLTRON.

S'estendant sur la paille fraische,
On le treuua dans vne cresche:
Ne l'en blasmez pas ignorans,
Il fut chez Messieurs ses parens,
C'estoit le sejour & la place
De deux grands Asnes de sa race.
Vn iour vn certain (ce dit-on)
Comme eux, le frotta d'vn baston,
Luy, d'vne patience extreme,
Qui seule est semblable à soy-mesme;
Sans faire l'Achile ou l'Hector,
Plus doux qu'vn chapeau de Castor,
Plus chauffant que des bas d'estame,
Ployant comme vne bonne lame,
Plus souple de l'esprit alors
Qu'vn basteleur ne l'est du corps,
Comme vn tronc restant immobile,
Sans pouuoir s'eschauffer la bile,
Et sans alterer sa vertu,
Luy dit, Pourquoy me frappes-tu?
Belle demande sans seconde,
Qui fuit la vanité du monde.

# LE POLTRON.

I'ay sceu que sa mere auorta,
Parce qu'on dit qu'elle petta,
Et que ce bruit à la mesme heure
Le chassa de cette demeure;
Ainsi dans sa natiuité,
Nasquit aussi la lascheté.
Enfin voila quel est en somme
Celuy qui s'ose dire vn homme.
I'aurois fait placer ce Portrait
Comme il merite, en vn retrait,
Mais vn hoste qui me gouuerne
Le demande pour sa Tauerne
Qui n'auoit encor qu'vn rameau;
Et certes son dessein est beau,
Il y veut mettre vne escriture
Qui conuient bien à sa nature,
Non pas Roland, non pas Maugis,
Mais AV POLTRON A BON LOGIS.

STAN.

# STANCES.

Esloigné des mortels, dãs vne forest som-
 Ou l'effroy fait sejour,   [bre
Sans estre accompagné, si ce n'est de mon
 Ou bien de mon amour:   [ombre,
Ma Philis, tout ce que ie voy,
Est bien plus sensible que toy.

Ces grands Monts d'alentour, steriles de nature
 Qui n'ont herbes, ny fleurs,
Dans le simple recit de ma triste auanture,
 Font vn ruisseau de pleurs:
Ma Philis, tout ce que voy,
Est bien plus sensible que toy.

Les rochers, moins rochers que toy cruelle Dame,
 Quand ie plains dans ces bois,
En plaignant comme moy semblent auoir vne ame
 Pour respondre à ma voix:
Ma Philis tout ce que ie voy,
Est bien plus sensible que toy.

# STANCES.

Si ie treuue vn lyon, i'adouciray sa rage
    Par mon humilité,
Mais iamais le respect n'aura mesme auantage
    Dessus ta cruauté:
    Ma Philis, tout ce que ie voy,
    Est bien plus sensible que toy.

Tous les arbres marquez pl⁹ de gré que de force,
    De ton nom, & du mien,
Tesmoignent que ton cœur est plus dur qu'vne [escorce,
    Puis qu'on n'y graue rien:
    Bref Philis, tout ce que ie voy,
    Est bien plus sensible que toy.

## STANCES.

Y des Dames de la Cour,
 Ma Francine est plus gentille,
 On la prendroit pour l'Amour
Masqué sous l'habit de fille.
I'aime sa naifueté
Plus qu'vne parfaite beauté.
Quand d'vn discours cajoleur
 Ie la nommie sans pareille,
Elle changeant de couleur
Semble vne rose vermeille.
I'aime sa naifueté,
 Plus qu'vne parfaite beauté.
Lors que ie touche son sein,
 Sans que la mignnone y pense,
Surprinse de ce dessein,
Elle fait la reuerence.
I'aime sa naifueté,
 Plus qu'vne parfaite beauté.

P ij

Si ie demande vn baiser,
   Cette Fan Fan qui m'estime,
   Croit que me le refuser
   Soit vne espece de crime;
   I'aime sa naifueté
   Plus qu'vne parfaite beauté.
En fin ses yeux innocens
   Ont sur moy telle puissance,
   Que leurs rayons rauissans
   M'ont bien donné connoissance,
   Que la parfaite beauté
   Consiste en la naifueté.

# STANCES.

J'Endure, ie le confesse,
Mille trauaux chaque iour,
Pour vne ingrate Maistresse
Qui ne connoit pas l'amour:
Mais dans l'excés de la peine
Qui me va faire mourir,
J'aurois des sentimens de haine,
Pour qui me voudroit guerir.

Qu'elle se mocque mauuaise
Du supplice des Amants,
L'or s'espreuue à la fournaise,
Et la foy dans les tourmens:
Pour moy parmy cette peine
Qui me va faire mourir,
J'aurois des sentimens de haine,
Pour qui me voudroit guerir.

# STANCES.

On me dit qu'elle est cruelle,
Que ie ne la puis blesser,
Il est vray, mais elle est belle,
Plus qu'on ne le peut penser :
Vn Dieu mesme en cette peine
Qui me va faire mourir,
Auroit des sentimens de haine,
Pour qui le voudroit guerir.

# STANCES.

L'Amour, la bonne fortune,
Le iugement, la raison,
Me font aimer vne Brune,
Belle sans comparaison.

Si les yeux de tout le monde
Estoient de mon sentiment,
Iamais vne Dame blonde
Ne se verroit vn Amant.

Fy de ces Beautez de plastre,
Qui sont sans viuacité,
Qui les aime est idolastre,
S'il brusle il l'a merité.

Cette Brune que i'adore
N'a rien qui luy soit pareil;
Plus vermeille que l'Aurore,
Plus claire que le Soleil.

※

Les sourcils de Dalimene
Sont deuenus mes vainqueurs,
C'est de ces deux arcs d'ebene,
Dont Amour blesse les cœurs.

※

Ses yeux noirs bruslent mon ame,
Mais ie le treuue fort bon;
Car d'où peut venir la flame,
Si ce n'est de ce charbon?

## STANCES

※

L'Attente me persecute
Plus que la fieure, & l'amour,
Ie croy que chaque minute
Est aussi longue qu'vn iour.

❧

O Dieux! il faut que ie meure,
L'aiguille est ja sur le point,
Nostre horloge sonne vne heure,
Et ma Philis ne vient point.

❧

Ha! montre trop auancée,
Flattez vn peu mon tourment,
Bien que l'heure soit passée,
Ne me marquez qu'vn moment.

❧

Mais ie me plains de l'absence
De ce bel œil mon vainqueur,
Manquay-ie de sa presence,
Puis que ie le porte au cœur?

❧

Ouy ma Philis ie t'outrage,
Ie fais tort à tes appas;
Mon cœur a bien ton image,
Mais ce cœur ie ne l'ay pas.

# DIALOGVE.

## ALCANDRE. CARITE.

### ALCANDRE.

Hantons vn air, ma Carite,
Qui parle de ta beauté.

### CARITE.

Et qui monstrant mon merite
Fasse voir ta vanité.

### ALCANDRE.

O Dieux! ce discours me pique,
S'en est fait, tu me perds, ie me meurs en ce iour.

### CARITE.

Soyons d'accord en Musique,
Ne pouuant l'estre en amour.

### ALCANDRE.

Entends mon luth qui soupire,
Et plaint aussi bien que moy.

### CARITE.

Le mien s'esclattant de rire
Semble se moquer de toy.

# DIALOGVE.

### ALCANDRE.
O Dieux! ce discours me pique,
S'en est fait, tu me perds, ie me meurs en ce iour.

### CARITE.
Soyons d'accord en Musique,
Ne pouuant l'estre en amour.

### ALCANDRE.
Las! quelle rigueur insigne,
Chanter, & mourir d'ennuy.

### CARITE.
Quiconque a la voix d'vn Signe,
Doit finir ainsi que luy.

### ALCANDRE.
O Dieux! ce discours me pique,
S'en est fait, tu me perds, ie me meurs en ce iour.

### CARITE.
Soyons d'accord en Musique,
Ne pouuant l'estre en amour.

### ALCANDRE.
Qu'vn baiser, belle farouche,
Puisse au moins me contenter.

## DIALOGVE.

#### CARITE.
Le baiser fermant la bouche,
T'empescheroit de chanter:
#### ALCANDRE.
O Dieux! ce discours me pique,
S'en est fait, tu me perds, ie me meurs en ce iour.
#### CARITE.
Soyons d'accord en Musique,
Ne pouuant l'estre en amour.
#### ALCANDRE.
Pour vuider nostre querelle,
Dis que ma mort te plaist bien.
#### CARITE.
I'ay rompu ma Chanterelle,
Ie ne puis plus dire rien.
#### ALCANDRE.
O Dieux! ce discours me pique,
S'en est fait, tu me perds, ie me meurs en ce iour.
#### CARITE.
A la fin nostre Musique
Sera comme nostre amour.

# STANCES
## POVR
## VNE EXCELLENTE COMEDIENE.

A La fin i'ay bãni l'erreur dont i'estois pris,
Car ie ne te crois plus vne fême mortelle.
Dans ce charmant recit qui rauit mes esprits,
C'est beaucoup si ie croy que Minerue soit telle.

Melpomene elle mesme, auec tout son sçauoir
Animant de sa voix la graue Tragedie,
Dans vn si grand esclat ne se fit iamais voir,
Quoy que la fable en conte et que la Grece en die.

Vn extase si doux m'emporte en t'escoutant
Adiouster aux beaux vers des nouuelles merueil-
Que ie desirerois en cet heureux instant, [les:
Que tout mõ corps deuint des yeux et des oreilles.

## STANCES.

La douleur & l'amour, le desespoir, l'effroy,
Si bien representez, ont tant pû sur mon ame,
Qu'afin d'auoir l'honneur d'estre pleuré de toy,
Ie voudrois estre mort aussi bien que Pirame.

Quand tu nous figurois l'excés de ce tourment,
Ie voyois le plaisir errer parmy la presse:
Effect miraculeux, que le contentement
Puisse naistre aujourd'huy d'vn acte de tristesse.

Si quelqu'vn est captif de ton bel œil vainqueur,
Ie treuue qu'il a bien iuste sujet de craindre,
Car comme quoy peut-il se croire dans le cœur
D'vne qui fait mestier de tromper & de feindre?

Pour moy de qui l'humeur ne se va point liant,
Si ie n'y suis porté d'vne forte esperance,
Ie me contenteray de t'aller publiant
L'hôneur, l'ame et l'esprit du Theatre de France.

# STANCES,
## SVR LE BALET
### DV BANQVET
de la Vertu & de l'Enuie.

Remarquant vos diuins appas,
Dont i'ay l'œil & l'ame rauie,
Philis, ie ne m'estonne pas
De vous voir suiure par l'ENVIE.

Car dans ce grand nombre d'attraits
Dont la Nature est liberale,
Hors vn Miroir & vos Portraits
On ne voit rien qui vous egale.

Ie verrois disner Iupiter
Sans desir & sans ialousie,
S'il m'estoit permis de gouster
De ce qui vaut mieux qu'ambrosie.

Lors faisant lanique au Destin,
Le plus heureux de tous les hommes,
Ie ne prendrois de ce Festin
Qu'vne rose & deux belles pommes.

Et pour esclaircir ce dessein,
Et faire voir ce qui me touche,
Les pommes seroient vostre sein,
La rose seroit vostre bouche.

Pardonnez la temerité
Que i'ay dans l'ardeur qui me presse,
Elle vient d'incredulité,
Doutant si vous estes Deesse.

Le front masqué, le corps vestu,
C'est ce qui vous rend inconnuë;
Puisque vous estes la Vertu,
Que nous vous voyons toute nuë.

CARTEL

# CARTEL DE DEFFY
## DE DEUX CAVALIERS ESPAGNOLS.

Presenté aux Tenans à vn Tournoy.

Dans le milieu d'vne armée
A qui nous donnions l'effroy,
Le bruit de la Renommée
Nous a conté ce Tournoy.

Et sçachant que la Memoire
Parloit assez bien de vous,
Nous vous apportons la gloire
De mourir d'vn de nos coups.

Q

# CARTEL DE DEFY.

Nous qui durant noſtre enfance
Auons mangé le Dieu Mars,
Lardé du fer de la lance
Qui s'oppoſe à vos regards.

Tous nos fruits ſont des Grenades,
Fruits creus aux arbres d'enfer,
Si nous mangeons des ſalades,
Ce ſont de celles de fer.

Et traittez par la Furie,
Les repas eſtans finis,
Les balles d'artillerie
Nous ſeruent ſouuent d'anis.

En fin la terreur du monde
Vient ores vous auertir
Que Caron au bord de l'onde
N'attend que vous pour partir.

# CARTEL DE DEFY.

Toutesfois si ventre à terre
  Vous venez baiser nos pas,
Foy de Demons de la guerre
  Vous eschappez du trespas.

Or sus doncques sans demeure,
  Que ces deuoirs soient rendus;
Mais i'entends qu'vn de vous meure,
  Pour payer nos pas perdus.

Il faut qu'escrasé du foudre
  D'vn bras craint de l'Vniuers,
Vn de vous soit mis en poudre,
  Afin de secher ces vers.

Pour consoler sa disgrace,
  S'il veut sçauoir nostre nom;
C'est Roderique Fracasse,
  Dom Esquarrebombardon.

# SONNET
## A CLEON.

Que Thirsis desormais s'appaise et se cōsole;
Chaque chose à la fin doit auoir sa saison;
Et ce qu'il n'aura peu treuuer en la raison,
Qu'il le vienne puiser en ta docte parole.

D'vne Plume trempée aux ondes du Pactole,
Tu nous fais voir son fils hors de comparaison,
Et quand tu peins la dent qui porte le poison,
Vne ame de rocher de pitié deuient molle.

Il est vray qu'en parlant de ce chien enragé
Ie treuue que tes vers l'ont bien plus obligé,
Que tu n'as eu dessein de luy faire vn outrage.

Et cette verité se descouure à nos yeux;
Car puis qu'il a l'hōneur d'estre dans ton ouurage
Ie le croy mieux placé que n'est celuy des Cieux.

# SONNET.

IE fuy l'espoir de viure, & ie hay la raison,
L'importune me fasche et me choque l'oreille;
Il faut que mon ardeur soit sans comparaison,
Tout ainsi qu'en beauté Philis est sans pareille.

Ha! s'il m'estoit permis tout ainsi qu'vn Iason,
D'acquerir par mon sang cette ieune merueille,
L'objet qui m'emprisône, et qu'on tient en prison,
Verroit comme son teint, la terre estre vermeille.

Portes, grilles, verroux, tournoirs, murs éleuez,
Puisque par vos rigueurs les hômes sont priuez
Du bienheureux sejour où mon ame demeure:

Au moins voyant l'excés de mô dueil estouffant,
Pour sçauoir de Philis s'il faudra que ie meure,
Laissez entrer l'Amour, car ce n'est qu'vn enfant.

Q iij

# SONNET,
## SVR LE PORTRAIT
### DV ROY dans vne Ouale.

L'Ouurier industrieux qui fit cette Peinture,
(L'allegresse des bõs, et des meschãs l'effroy)
N'ayant pas eu l'honneur de voir iamais le Roy,
A tiré ce Tableau presques à l'auanture:

Il a moins rencontré ses traits que sa nature,
L'oreille plus que l'œil au pinceau fit la loy,
Et quiconque voudra le iuger comme moy,
Acheue seulement de voir cette escriture.

Il l'a depeint sans bras ; en voicy la raison ;
C'est que n'ignorant pas quelle est la trahison,
L'orgueil & le mespris de la Rochelle infame ;

Et sçachãt qu'on pardõne à ces loups inhumains,
Que Louys comme l'or doit purger dans la flame,
Il s'est imaginé qu'il n'auoit point de mains.

# SONNET
## POVR THERSANDRE.

Mars est mort, il n'est plus que poudre,
Et ce grand Phœnix des Guerriers
Sous vne forest de lauriers
N'a pû se garentir du foudre.

La trame vient d'estre coupée
A la terreur de l'Vniuers,
Il ne vit plus que dans mes vers,
Et par ce qu'a fait son espée :

Toy qui lis, si tu ne sçais pas
De quelle façon le trespas
Emporta cette ame guerriere,

Ces deux vers t'en rendront sçauants ;
La Parque le prit par derriere,
N'osant l'attaquer par deuant.

# SONNET,
## SVR DES EAVX MINERAL.
### A VN AMY.

TOy de qui l'eloquence a coniuré ma perte,
Tu chocques mon repos encor mal eſtably,
Car ſi i'ay beſoin d'eau c'eſt de celle d'oubly,
Et non de cette ſource à mon dommage offerte.

Le triſte ſouuenir de la peine ſoufferte
Fait trembler de frayeur mon eſprit affoibly,
Et ce ruſtique lieu maintenant ennobly,
Me feroit plus de mal qu'vne terre deſerte.

Ceſſe donc, cher Amy, de me ſolliciter
D'aller courre vn peril que ie peux eſuiter,
En fuyant ces objets qui captiuent les ames:

Si i'y vay, mon treſpas eſt ſans difficulté;
Malade tu verras mourir parmy les flames
Celuy qui dans les eaux va chercher la ſanté.

# SONNET,
## A VN PEINTRE.

Roy du plus beau des arts, synge de la nature
Qui fais croire viuant vn corps inanimé,
Que tu me monstres bien dans cette Portraiture
L'objet que i'idolastre, & dont ie suis aimé.

Helas! que ie benis cette heureuse auanture
Qui redonne à mon œil ce qui le tient charmé,
Car confrontant mon cœur, Philis, et sa Peinture,
L'on ne voit qu'vn visage en trois endroits formé.

C'est le Portrait d'vn Ange; acheue donc ainsi:
Peins luy moy des rayons, & des aisles aussi,
En desrobant mon cœur, on voit bien qu'elle volle.
[souffers,
Mais non, pour n'augmēter les maux que i'ay
Peintre, ie me desdis, & retiens ma parole,
Elle me quitteroit, mets luy plustost des fers.

# SONNET.

Chagrin, triste, pensif, resueur, & solitaire,
Dans vn antre escarté, d'où ne part point la Nuit,
Ennemy de la ville, & du iour & du bruit,
J'aprends côme vn Chartreux, à songer, & me
[taire.

Ce seiour de Lutins, pour moy n'a rien d'austere,
Mon cœur melancholique en tire quelque fruit,
Bien que par sa rigueur ie me sente destruit,
Vn Dieu m'offenceroit de troubler ce mystere.

Haïssables objets, que l'on adore icy,
Ne vous estonnez pas en voyant mon soucy,
Vostre repos vaut moins que mon inquietude.

J'ay de quoy faire voir vos charmes auilis,
Fontaines, bois, rochers, aimable solitude,
Redittes leur quel est le Portrait de Philis.

# SONNET.

Souffle amoureux Zephire, vne haleine em-
baſmée,
Auiourd'huy que les champs ſont tous moittes de
 pleurs,    [fleurs,
Pleurs peres nourriciers d'vn grand nombre de
Fleurs que ie vay cueillir pour ma Philis aimée.

Que l'œillet, & la roſe en odeur parfumée,
Eſtalent à l'enuy leurs diuerſes couleurs,
Que des lys blanchiſſans les aimables paſleurs
Accourent au ſecours de mon ame charmée,

Bref, que la mignardiſe, exorable à mes vœux,
Vienne faire vn bouquet tel comme ie le veux,
Et tel que le merite vne Dame immortelle.

Mais où ſont tãt de lys, dont ce parterre eſt peint?
Dieux! ils ſe ſont cachez, car Philis eſt ſi belle,
Qu'ils n'oſent approcher ceux qu'elle a dans le
 teint.

# SONNET.

Maintenant separé de la troupe importune
Où ma charge et l'honneur m'attachent tous les iours,
Sur le bord d'vn ruisseau ie resue à mes amours,
Qui depuis quatre mois n'ont que de l'infortune:

Car soit que le Soleil cede à la couleur brune,
Ou bien que la nuit sombre ait acheué son cours,
Ie n'entends que sottise au lieu de bons discours,
Aux chefs, côme aux soldats également cômune.

Helas! quelle douleur, de me sentir priué
Du propos de Philis si doux & releué,
Qu'il rend en l'escoutant l'ame d'aise assouuie.

Certes dans ce malheur mon tourmêt est bien tel,
Qu'apres l'auoir souffert, si ie retourne en vie,
Ie croy asseurément que ie suis immortel.

# SONNET.

Pourquoy vous fâchez vous de ces traits rou-
gissans
Dont le lustre vermeil vient colorer ma face?
Voulez vous que le feu puisse parestre glace,
Et que toustours caché soit le mal que ie sens?

Ha! superbe Philis, ces rayons innocens
Tesmoignent qu'en effet i'adore vostre grace,
Car lors qu'on aime biē, ces signes, quoy qu'on fas-
Ne reconnoissent plus l'empire de nos sens. [se,

Quoy? pour auoir rougy ie seray donc blasmé?
Vn soupir eschappé m'empesche d'estre aimé?
Quelques pleurs respādus me font nōmer perfide?

Helas! supremes Dieux, considerez vn peu;
Elle veut m'obliger à treuuer vne bride
Capable d'arrester l'eau, le vent, & le feu.

# SONNET.

I'Auois brisé mes fers, & loing de l'esclauage
Mes iours alloient coulāt sans me voir engager,
Et comme vn matelot eschappé du danger,
Ie me moquois des flots assis sur le riuage.

L'œil le plus adoucy me paraissoit sauuage,
Vn propos complaisant ne pouuoit m'obliger,
Mais le Tyran des cœurs en fin m'a fait iuger
Qu'vn forçat qui s'enfuit n'est pas franc de serua-
[ge.

Mes pas furent guidez par ce puissant Demon,
Contre mon ordinaire, à l'Eglise, au Sermon,
Où voyant esclatter vn bel Astre sans voile,

Ie m'escriay (surpris d'vn brasier nompareil)
Que le peuple est grossier de nommer vne Estoile
Ce qui peut faire honte aux clartez du Soleil.

# SONNET.

Adorable Philis, il est certain que i'aime,
Ie le confesse bien sans me faire gesner;
Et d'vn amour si fort, que pour le terminer
Il faudra que le Ciel me destruise moy-mesme.

Mais bien que cet amour soit au degré supre-
Ie ne diray iamais qui me l'a pû donner; [me,
C'est vn emblesme obscur qu'il vous faut deuiner;
I'en porte la peinture en cette face blesme:

Ne me pressez donc plus, Philis, de vous nômer
La charmante Beauté dont ie sens m'enflamer,
Le respect du discours m'interdisant l'vsage.

Que s'il faut contenter ce desir curieux,
Et vous dire quel est cet aimable visage,
Voyez-en le portrait regardant dans mes yeux.

# A MONSEIGNEVR LE CARDINAL DV PLESSIS.

Sur vne Huitre & vne Souris treuuées iointes ensemble chez luy.

INspiré d'Apollon, ie te fais vn presage,
Grand Demon de sçauoir, merueille de nostre âge,
Alphonse dont l'esprit est plus diuin qu'humain:
Cet animal terrestre, & cet autre aquatique,
Assemblez comme on voit, te sont vn pronostique,
Qu'vn iour tout l'Vniuers sera dedans ta main.

EPIGRAME.

# EPIGRAME
## POVR VN PORTRAIT.

THirsis fut preuoyant en sa triste auanture,
Alors qu'il fit tracer cette aimable peinture,
Qui redōne a ses yeux ce qui fut leur vainqueur:
Car biē qu'il l'eut grauée en son cœur, en son ame,
Ce seul Portrait icy luy reste de sa Dame,
Cette belle emportant & son ame & son cœur.

# EPIGRAME
## POVR LE PORTRAIT DE LA
Rochelle mis sur vn feu de ioye lors qu'elle fut prise.

SI la clemence d'vn grand Roy
N'auoit mieux combatu pour toy,
Que ta rebellion, bien qu'elle fust extreme:
Rien n'auroit empesché dans vn si lasche trait,
Que tu n'eusses souffert toy mesme
Ce que va souffrir ton Portrait.

R

## EPIGRAME.

PHilis i'entendois bien dire
  Que l'aimant le fer attire,
Mais voyant ton cœur de fer
Qui tire sans s'eschauffer,
Ie peux iurer qu'en t'aimant
Le fer attire l'aimant.

## AVTRE.

LA pierre Calamite
  Tire le fer à soy,
Tes vertus, ton merite,
En font autant de moy,
Et ces deux qualitez ont en nous leur essence,
Toy pierre en dureté, moy du fer en constance.

## A VN IMPORTVN.

INterrompant mon estude
Tu me demandes vn point,
Quel bien a la solitude,
Celuy de ne te voir point.

## A VNE SVFFISANTE.

IEane quand tu dis des merueilles,
Tu ne le peux sans t'escouter,
Car ta grand' gueule va porter
Les paroles dans ses oreilles.

## VN VEND SA MAISON,
### POVR FAIRE SON EQVIPAGE
### DE GVERRE.

CE grand Guerrier emplumassé
Ne mourra point à la bataille,
Car il s'est (pour n'estre blessé)
Tout armé de pierre de taille.

R ij

## POVR VN PORTRAIT.

Celuy qui fit l'image où Philis est depeinte,
A si bien sceu donner la vie à tous ses traits,
Qu'on iuge en les voyant toutes deux près à près,
Que l'vne & l'autre est vraye, ou l'vne & l'autre
est feinte.

### AVTRE.

A Genoux, fussiez vous des Dieux,
Vous qui regardez ces beaux yeux
Dont la douceur mesme assassine:
Le peintre qui forma tant de charmans appas
Fait bien mentir celuy qui dit qu'on ne peut pas
Portraire vne beauté diuine.

### AVTRE.

Voicy le Phenix des Amans,
Qui malgré cent mille tourmens
Veut aimer dans la sepulture:
Si vn iour la posterité
Adore la fidelité,
Ce sera sous cette figure.

## EPIGRAME,
### A.M.D.T.

MErueille aimable, autant qu'aimée,
Chaste Venus, belle Iunon,
Ie viens d'apprendre vostre nom
De la voix de la Renommée;
Rare ornement des grands esprits,
Voyez de bon œil ces escrits
Que la main d'vn soldat fait naistre:
Et souffrez au moins qu'en ce lieu,
Ie vous adore comme Dieu,
Sans vous voir, & sans vous connaistre.

## EPIGRAME.

PRessé d'vn mal ineuitable,
Et priué d'espoir de salut,
Alcandre ayant en main vn lut,
Graua ces deux vers sus la table:
Malgré les cruautez du Ciel & du destin,
I'ay tenu dás ma main l'instrumét de Catin.

# MASCARADE DE DEUX OUBLIEURS.

### LE PREMIER.

Las! c'est bien sans raison, qu'Oublieur on m'apelle,
   M'entendant publier,
Qu'encor que ma Philis soit volage, & cruelle,
   Ie ne peux l'oublier.

### LE SECOND.

Pour moy sans estre si constant,
Ie fais l'amour, & boy d'autant,
Disant la chanson de l'oublie:
Et sans me charger de soucy,
Si l'on m'aime bien, i'aime aussi,
Et si l'on me change, i'oublie.

# A VNE AVARICIEVSE.

IE voudrois cesser de viure
Pour faire de l'or, du cuiure,
Ie voudrois pouuoir encor
Changer tout mon sang en or:
Ie voudrois pour toy farouche,
Que tout ce que ma main touche
Comme à Midas le brutal,
Se changeast en ce metal:
Bref, tout mon desir se range
Dans le Pactole, & le Gange:
Ie voudrois comme Iason
Pouuoir gagner la thoison,
Ie voudrois ainsi qu'Ænée
De la plante fortunée
Tenir le rameau doré
Dans l'Auerne reueré:
Ne crois pas, fille barbare,
Que mon souhait soit auare,
Car ie ne veux auoir tout cet or, en t'aimant,
Qu'afin d'en acheter ton cœur de diamant.

R iiij

# MADRIGAL
## POVR VNE CRVELLE.

La bouche a de Rubis, et les yeux de Zaphirs
L'adorable beauté qui cause mes soupirs,
Le sein de marbre blanc, qui me fait idolastre,
Le cœur de diamant, la belle main d'albastre :
Helas ! puissant Amour, en voyant ces appas
  Ie ne m'estonne pas
Si ma plainte et tes dards la rencontrent si dure,
  Toute de pierre la forma nature.

# EPITAPHE
## POVR VNE PETITE FILLE.

Passant, ne verse point de pleurs,           [bles
  Garde les pour la mort de quelques misera
Les MARGVERITES son des fleurs,
Et par consequent peu durables.

FIN